缘三部曲

门对孤山

丰子恺 与 杭州

徐玲芬 著

浙江文艺出版社

图书在版编目（CIP）数据

门对孤山：丰子恺与杭州 / 徐玲芬著. —杭州：
浙江文艺出版社，2021.12
　（丰子恺缘缘三部曲）
　ISBN 978-7-5339-6600-3

　Ⅰ.①门… Ⅱ.①徐… Ⅲ.①丰子恺（1898-
1975）—生平事迹 Ⅳ.①K825.72

中国版本图书馆CIP数据核字(2021)第153246号

责任编辑　朱　立　谢园园
责任校对　陈　玲
责任印制　张丽敏
装帧设计　有品堂_刘　俊　张俊香
营销编辑　张恩惠

门对孤山——丰子恺与杭州

徐玲芬　著

出版发行　浙江文艺出版社
地　　址　杭州市体育场路347号
邮　　编　310006
电　　话　0571-85176953（总编办）
　　　　　0571-85152727（市场部）
制　　版　杭州天一图文制作有限公司
印　　刷　杭州富春印务有限公司
开　　本　880毫米×1230毫米　1/32
字　　数　156千字
印　　张　7.25
插　　页　2
版　　次　2021年12月第1版
印　　次　2021年12月第1次印刷
书　　号　ISBN 978-7-5339-6600-3
定　　价　45.00元

总　序

有情世界　有缘人生

丰子恺先生说过："仔细想来，无论何事都是大大小小、千千万万的'缘'所凑合而成，缺了一点就不行。世间的因缘何等奇妙不可思议！"

确实如此。天地人，整个大千世界，缘，无所不在。遇见一个人、一本书、一个喜欢的作家，都是缘。读书是缘，写作也是缘。

丰子恺先生的故乡在浙江桐乡，位于沪、苏、杭三地的中央，杭嘉湖平原腹地，气候湿润，四季分明，自古人文荟萃，文化底蕴深厚，素有"鱼米之乡、丝绸之府、百花地面、文化之邦"的美誉，用丰子恺先生的话来说，桐乡"真是一个好地方"。

我是丰子恺先生的同乡，又是一个丰子恺迷，这是难得的缘分。记得20世纪80年代初，我刚入杭州大学中文系读书时，听同学讲起丰子恺先生的文章里写到我们桐乡这个地方，到了冬天，连乞丐身上都有一件丝绵袄。我当时真的很惊讶，也很自豪。作为全国有名的蚕桑之乡、丝绸之府，桐乡农村几乎家家户户种桑养蚕，剥茧、缫丝、拉丝绵、翻丝绵被、穿丝绵袄，那是多么平常的事啊。可经丰先生这么一写，经同学这么一说，就感觉非同寻常了。

从那个时候开始，我热衷于读丰子恺先生的作品。记得我买的第一本丰先生的书就是《缘缘堂随笔集》，它也是我人生第一本藏书。如今已过去三十多年了，它依然是我的最爱，把它放在书架显眼处，时常拿来翻翻，真是百读不厌，历久弥新。

搜集丰子恺先生的作品自然成为我藏书的一个重点，包括丰先生早年出版的书，丰氏后人编辑出版的《丰子恺文集》《丰子恺全集》《丰子恺漫画全集》等，还有许多研究丰子恺生平和艺术的相关图书资料等。它们也成为我数十年来阅读与研究的重点。

研读丰子恺先生的作品，对我的创作有极大的启迪。我出版的第一部散文集《江南物事》，其写作灵感便是在读了丰子恺先生的随笔后激发出来的。这本书中写到的近百种有趣的江南物事，都是丰子恺先生笔下曾写到过的。2014年，我开始写"丰子恺与杭州"的故事。后来，这些故事集结成《门对孤山——丰子恺与杭州》一书。该书出版后，获得了第八届冰心散文奖。

写作此书给了我新的启示：丰子恺与杭州，一人与一城的情缘，深深影响了他一生的艺术走向。由此，我便着手写作另外两个对丰子恺先生一生影响深远的地方，那就是他生于斯、长于斯的故乡桐乡，以及他生活时间最长并在那里取得巨大成就的上海。于是，就有了《缘缘堂主——丰子恺与桐乡》和《日月楼中——丰子恺与上海》这两本书的问世，与《门对孤山——丰子恺与杭州》构成了"丰子恺缘缘三部曲"。

从桐乡石门湾到杭州，又到大上海，三地都留下了丰子恺先生一生中重要的生活印痕和文化足迹。所谓"一方水土养一方人"，特定的地域特色，或多或少影响并使其形成了独特的艺术路径。丰子恺先生与这三地的情缘，各具特色，各有侧重。如果说，桐乡石门湾是他的诞生地，杭州是他的艺术启蒙地，那么上海则是他艺术人生的实践地，三者紧密相连，共同构成一个有机的整体。

可喜的是，无论是丰子恺的故乡桐乡、第二故乡杭州，还是他居住时间最久的上海，这些年来，在研究其生平和宣传、弘扬其艺术精神等方面，都非常重视，并自成多彩多姿的"丰景"。更重要的是，丰子恺先生的漫画人见人爱，他的随笔充满人间情味，他是艺术全才，获得普遍的赞誉，"丰迷"遍布海内外，"丰子恺热"长盛不衰。

数十年来，丰子恺先生的作品一直是畅销书，而研究丰子恺先生的专著也不胜枚举。如何推陈出新，以新的方式展现丰先生的另一面？"丰子恺缘缘三部曲"试图以史料为依据，以散文的笔调，以传记的方式，从丰子恺先生与桐乡、杭州、上海三地之间的不解之缘出发，叙述丰先生一生的轨迹，展现其艺术人生的风采，希望能从一个独特的视角，回望和解读丰先生的有情世界和有缘人生，这应该也是丰子恺研究工作中一个新的尝试。

"卖花人去路还香"，追寻先生行走的人生踪迹，捡拾先生留下的艺术之花，歌咏赤子心，弘扬真善美，这实在是一个有意思的话题。

徐玲芬

2021年元月于浙江桐乡

前　言

一人，一城，一生

一

　　杭州天生丽质，自古受人青睐。文学家、艺术家们尤其钟爱这座城市，留下了无数诗文故事，这更增添了杭州的美感和底蕴。唐有白居易，宋有苏东坡，明有张岱……到近现代，与杭州结缘的文人墨客就更多了。"江南忆，最忆是杭州"，便道出了多少人对杭州的无限眷恋。

　　丰子恺曾在杭州租屋，乐做"寓公"，前后居住近十年，缘分可谓深矣。他在杭州时写过许多文章，画过许多画。每每写到杭州，他总是一往情深：

　　　　杭州山水秀美如昔，我走遍中国，觉得杭州住家最

好……（1947年1月15日丰子恺致函夏宗禹）

他们想把向来的横的市街改造为直的，想把向来的和平可亲的市街改造为危险可怕的。上海分明已经受着这种改造，杭州还不会。因此我觉得杭州可爱……（1934年《市街形式》）

我的老家在离开杭州约一百里的地方，然而我少年时代就到杭州读书，中年时代又在杭州作"寓公"，因此杭州可说是我的第二故乡。（1959年《杭州写生》）

杭州是幸运的，能够赢得艺术家丰子恺先生这么多的赞美之词：杭州住家最好，杭州是可爱的，杭州是他的第二故乡。是的，再没有另一个城市，能让丰子恺这样倾心，这样一心一意地爱着、念着、牵挂着。

阅读丰子恺的作品，时常会跟着他那些可爱可亲的漫画和随笔到杭州，坐着画舫，游西湖，看湖光山色，读江南四季，淡妆浓抹总相宜。

丰子恺认为杭州住家最好，于是便暂离了故乡石门湾，把红了樱桃、绿了芭蕉之缘缘堂暂且放在一边，借送考、伴读之名，一门心思到杭州做"寓公"，日日与西湖为伴，会友，游湖，写生，作文，度过了一段快乐悠闲的好时光。

丰子恺觉得杭州是可爱的，于是，在上海劳作了十天半月，一旦工作告一小段落，就偷闲乘车到杭州来轻松一下。在城站下车，坐黄包车到达新市场时，他望见杭州城里一片平广的夜景，心头感到十分快适。

丰子恺把杭州当作第二故乡，于是，当战火毁了家园，毁了他亲手建造的缘缘堂，让他无家可归的时候，他第一个想到另觅新巢的地方，就是杭州。

情缘深深深几许？丰子恺与杭州的缘分，很深、很真、很纯，且恒久，伴随了他的一生。

二

丰子恺在杭州的十年，可以分成三个相对集中的时期：

第一个时期，少年时，他在杭州求学，前后五年。

丰子恺出生在桐乡石门湾，在家乡高等小学毕业后，到杭州投考中学。1914年夏，他考入浙江省立第一师范学校（简称"浙一师"），从此便与杭州结下了一生的缘分。五年的学习，让他打下了良好的文艺底子。可以讲，丰子恺正是从杭州起步走上了文学艺术的道路，杭州是他的艺术启蒙地，是他始终难以割舍的牵挂。

进入浙江省立第一师范学校后，丰子恺认识了许多影响他一生的师友，尤其是李叔同、夏丏尊这两位恩师，为他以后的艺术人生奠定了方向。李叔同成为他艺术上的启蒙者，而夏丏尊又成为他文学上的启蒙者。

第二个时期，不惑之年，他在杭州做"寓公"，前后四年多。

从浙江省立第一师范学校毕业后，丰子恺开始在上海创业，后在故乡石门湾建缘缘堂定居。这段时间，他仍常来杭州，看望师友，亲近西湖。1933年缘缘堂落成后，丰子恺春秋客居杭州，冬夏回到石门湾，过了一段陶渊明式的逍遥日子。这样的快乐日子，随着抗日战争的全面爆发而不得不终止。

丰子恺在杭州做"寓公"，先后租住过三处地方：一是皇亲巷6号，二是马市街156号，三是田家园3号。各处都留下了他赋闲写作的印记。这几年间，是他人生中最无忧无虑的时期，同时也是他创作上的第一个高峰期。丰子恺创作了大量的散文小品、文艺论著和漫画，先后出版漫画集、随笔集和文艺论集二十余部。杭州西湖，在他眼里是一部百读不厌的好书，春夏秋冬，西湖四季，他都一一领略，赞美之词洋溢在字里行间。

第三个阶段，历尽劫难后，他居于杭州的湖畔小屋，历时一年多。

抗日战争胜利后，丰子恺返回故乡。家园被毁，他带着无限落寞的愁绪，来到杭州寻觅新巢。1947年3月，丰子恺全家迁入杭州静江路（今北山路）85号的湖畔小屋。"居临葛岭招贤寺，门对孤山放鹤亭。"这里环境幽静，门外隔湖正对孤山放鹤亭。他再一次做"寓公"，过起了赋闲生活。在此期间，他创作了大量随笔散文和绘画作品，可以说，这又是他的一个创作丰收期。

当然，与此前做"寓公"时不同，这时正是国民党腐败统治最黑暗的时期。丰子恺的赋闲，有太多的不得已、不得意。他靠卖画为生，日子过得很艰难。他在给新加坡广洽法师的信中说："国内生活飞涨，民不聊生，来日甚可忧虑……"1948年9月，丰子恺携女到台湾旅行，后又与广洽法师会于厦门，又经香港，在隆隆炮声中回到上海，迎接新中国的成立。此后，一直到1975年9月去世之前，丰子恺长住上海。

<h1 style="text-align:center">三</h1>

新中国成立后，丰子恺虽然定居上海，但时常会到杭州，因为杭州有许多让他牵挂的人和事。为了给弘一法师建墓塔和纪念馆，为了见马一浮先生，他经常赴杭州。

20世纪五六十年代，丰子恺为给弘一法师修造墓塔和纪念馆的事，一边多次与在新加坡的广洽法师通信，请广洽法师在南洋募集资金；另一边，也多次与在杭州的马一浮、黄鸣祥等人商议，劳心费力成全此事。1954年1月，舍利塔落成，但纪念馆一事因种种原因没有建成。许多年后，在杭州虎跑，李叔同弘一法师纪念馆建成，而那时，马一浮、丰子恺等都早已作古，他们地下有知，也足可慰。

于丰子恺而言，马一浮与弘一法师是他平生最崇敬的两个人，他亦深受他们的影响。丰子恺与马一浮最初相识是尚未出家的李叔同引见的。当时丰子恺在浙一师读书，李叔同带着他去陋巷拜访马一浮，之后他便一生追随马一浮。新中国成立后，马一浮移居于花港公园边上之蒋庄。那时，丰子恺已定居上海，但每到杭州都要去拜访马一浮。在"文化大革命"期间，丰子恺多年未到杭州。而马一浮则于1967年在杭州逝世。后来，丰子恺在学生胡治均陪同下，于1973年3月有过一次杭州之行，这是丰子恺生前最后一次到杭州。

四

丰子恺走了，但雁过留声，人过留名，杭州、西湖，皆因他的存在而不同。他与杭州的情缘还在继续。

其一，《护生画集》回归杭州。

丰子恺留给杭州的、最让人津津乐道的当然是他独一无二的文与画。他的文与画为美丽的西湖增添风采，那是他留下的最宝贵的精神遗产。尤其值得一提的是《护生画集》回归杭州。1985年9月17日，丰子恺逝世十周年时，广洽法师专程来到杭州，郑重地将由丰子恺作画、弘一法师等题字的六册《护生画集》原稿共四百五十幅作品，无偿捐献给浙江省博物馆。从此，《护生画集》回归杭州，成为浙江省博物馆的"镇馆之宝"。

其二，弘一大师·丰子恺研究中心在杭州师范大学成立。

1998年12月28日，弘一大师·丰子恺研究中心在杭州师范大学成立，同时学校还举行了纪念丰子恺诞辰一百周年学术座谈会，为在杭州研究与弘扬丰子恺的艺术精神搭建了新平台。主持该中心的陈星教授，研究丰子恺数十年，成就卓著，为传承弘扬丰子恺艺术精神不遗余力，影响不小。1998年，由杭州师范大学弘一大师·丰子恺研究中心主持设立"丰子恺文艺奖",到2018年已举办了二十届。

其三,丰子恺艺术碑在杭州皇亲巷旧址建立。

2003年11月9日,丰子恺诞辰一百零五周年纪念日,"丰子恺艺术碑揭幕仪式暨《丰子恺漫画全集》电子版首发式"在杭州举行。该艺术碑位于今杭州皇亲苑南门口。丰子恺曾在皇亲巷租屋居住三年。在这一地段建艺术碑,足见杭城对于这位艺术家的重视与喜爱,也可证明丰子恺的艺术精神将在这座城市永久传承。

其四,晓风书屋的丰子恺情结。

杭州晓风书屋创办于1996年6月,至今已在杭城拥有十多家分店,影响日益广泛。该书店经营者十分尊敬弘一法师和丰子恺,曾经在书店里特设弘一法师、丰子恺图书与艺术品专区,此举得到杭城"丰迷"们的欢迎。丰子恺的女儿丰一吟曾多次在晓风书屋与书友座谈。该书店的经营理念是"开有风景的书店,做有思想的书商",而丰子恺的作品及相关文创产品也成了书店的一道亮丽风景。

丰子恺与杭州,一个人,一座城,一生情,确实值得书写,值得再三品读。

徐玲芬写于浙江桐乡

2014年1月初稿

2021年5月修改

目录

第一章

缘起　湖上的学子

丰子恺与杭州的缘分很深，这种缘分始于他到杭州投考，进入浙江省立第一师范学校求学之时。出了校门后，丰子恺在故乡石门湾和上海、杭州之间往来奔波，也曾几度寓居杭州，亲近西湖。他把杭州当作自己的第二故乡。

起初不经意的你

秋到江南，白菊飘香，空气里弥漫着甜蜜的味道。1898年11月9日（农历九月二十六），一个不同寻常的日子，江南水乡石门湾丰家老屋里，洋溢着欢乐的气氛。就在这天清晨，丰子恺诞生了。这是丰家盼了许多年后盼来的第一个男孩，可谓阖家欢喜，连木场桥头后河边的杨柳也笑弯了腰。丰子恺的父亲丰鐄为儿子取乳名"慈玉"。祖母丰八娘娘立即叫人摆起香烛敬神谢恩。丰子恺就在全家人的宠爱下健康地成长。

丰子恺出生时的中国，正处于风雨飘摇之时，帝国主义列强企图瓜分中国，国内的有识之士力求维新救国。1898年，戊戌变法失败；1900年，义和团运动风起云涌。在内外交困之下，清王朝正走向穷途末路。

1900年，因庚子之变，例行的乡试推迟了。1901年10月是光绪皇帝三十岁的万寿圣节，按例应加开恩科，也一并推迟到1902年补行。就在1902年秋，丰镛第四次赴杭州应试，为补行庚子辛丑恩正并科第八十七名举人，这在当时的小镇石门湾引起了不小的轰动。中举之后，丰镛本来可以于次年进京会试，但不巧的是，他当年即遭母丧，必须在家守孝三年。1905年，清廷废除科举制，丰镛再也没有机会做官，只好在家设塾授徒。1906年秋分时节，他就因肺病去世。

起初，丰子恺在父亲的私塾里受教，学名丰润。父亲去世后，母亲钟云芳送他入镇上的于云芝私塾读书。1905年科举废除后，各地先后办起学堂，以代替私塾，于云芝的私塾也改成小学堂。

石门镇上的西竺庵小学旧址（徐盈哲　摄）

1910年，小学堂借用西竺庵祖师殿为校舍，正式定名为溪西两等小学堂。民国初年，地方上办自治会，实行选举，为便于选举，流行同音简化字，一位老师为丰润改名丰仁。溪西两等小学堂后经改组，原有高等部分的学生归入新办的崇德县立第三高等小学校，校址仍在西竺庵。1914年初，丰子恺以第一名的成绩毕业于崇德县立第三高等小学校。

小学毕业，面临升学。丰母钟云芳很是忧心，与邻居沈惠荪先生商量丰子恺的前途问题。沈惠荪是小学校的校长，也是丰家的亲戚，在石门镇上算得上是有见识的人。在他的建议下，钟云芳决定送儿子去省城杭州投考中等学校，恰好沈惠荪的儿子沈元与丰子恺同班毕业，也要去杭州投考，由沈惠荪亲自送去。于是，钟云芳便拜托沈家父子带丰子恺同行。

1914年夏天一个炎热的早晨，钟云芳一早起来为儿子整理行装，照例给他吃了糕、粽，期盼儿子"高中"，然后把儿子送到沈家。丰子恺就随沈家父子搭快班船到了长安镇，再坐火车，来到省城杭州。这是他第一次到杭州，这一年，他虚龄十七岁。

丰子恺的父亲去世早，母亲虽不识字，却身兼慈母、严父之职，是一个不平凡的女性，对丰子恺一生影响很大。之前，她曾与沈惠荪商量过，认为丰子恺投考浙江省立第一师范学校（简称浙一师）最合适。当时家乡新办学校，需要教师，师范毕业可以当老师；而且父亲早逝，丰子恺是家中长子，当老师可以在家乡觅职，不必外出；另外也考虑到师范学费低廉，毕业后不必再升学，可以减轻家里负担。钟云芳将这三层道理再三说给儿子听，儿子也频频点头。

带着母亲殷切的期待，带着求知的梦想，丰子恺踏上了杭州的土地。

杭州毕竟是省城，这里的学校多如牛毛，而且规模也比石门镇上的小学大得多，图书馆和书坊里的书堆积如山，琳琅满目。丰子恺的心也如西湖边的柳絮随风飞扬，强烈的求知欲望，占满了他的心房，使他几乎忘记了母亲的叮嘱。之前母亲曾说过，学商业必须要到大城市的公司去谋差事，他没有父兄，不可离家远行；读了中学，毕业后要升学，家里又负担不起。而此刻，丰子恺唯一担心的是，这回入学考试如果不能通过，落第回家怎么办？不行，绝对不行！现在最重要的是必须考取！他在心里暗暗下了决心。

听说可以同时报考几所学校，丰子恺便不问学校的教育宗旨和将来的造就如何，只拣报考日期不相冲突的一所中学、一所商业学校，连同浙一师一起报了名。

发榜那天，喜讯传来，丰子恺被三所学校同时录取，且成绩名列前茅——以第八名被中学录取，以第一名被商业学校录取，以第三名被师范学校录取。

虽然有三所学校可以选择，但丰子恺心里早已拿定主意，打算选择师范学校。这不但与母亲的意愿吻合，更重要的是，之前他比较了这三所学校，师范学校的校舍规模宏大，有七进巍峨的教学大楼和不少附属建筑物，而且就建造在父亲当年考举人的贡院的旧址上；校内藏书楼图书丰富，能满足他的求知欲，各方面条件都很合意。

一切都是天意，一切都是缘分，这一选择，母亲高兴，丰子恺也合意，真是皆大欢喜。

初　识

1914年，丰子恺进入浙江省立第一师范学校就读书，先入预科班。他是该校创办以来的第五届学生，学制为五年。

丰子恺初入浙一师时，发现实际情况与自己期望的很不一样，有点失望，对预科班和学校的生活很不满意。预科班的英文从ABCD教起，算术先教四则题，功课太浅了，他有点后悔自己的选择，早晓得应该去读中学。而且，他有着自由放任的个性，也很不适应寄宿舍严格的集体生活，这使他开头的一年过得非常痛苦。

他曾经写过《寄宿舍生活的回忆》来描述那段生活。在他看来，把学生们集中在寄宿舍中，与动物园里把数百只小猴子关闭在大笼子里没有什么两样。起床和就寝都要在规定的时间集体行动，吃饭也是如此，尤其是食堂里的种种情形，叫人看了又气又好笑。七八个食欲旺盛的毛头小伙子围住一张饭桌，协力对付几只高脚碗里浅零零的菜，犹如"老虎吃蝴蝶"。他对当时的共食制极为反感。

　　还有住宿，丰子恺更觉得不合理。数百个学生每晚如羊群一样被驱赶到楼上的寝室里，被强迫同时睡觉。早上，他们又被强迫同时起身，一齐驱逐到楼下自修室中。晚上九点半就寝，十点熄灯。如果在校园中多流连一会儿，就得在暗中摸索，还要受舍监的指责。早上想要在被窝里多睡一会儿，就要牺牲早饭，甚至被锁闭在寝室大门内。丰子恺青年时代有不易入睡的习癖，在家时可以保留一盏灯火，学校里则不行，他为此很苦恼。他留恋家庭生活的温暖，心中常想回家去，但又说不出口，郁积在心中，很是烦恼与痛苦。

　　最可怕的是学校的体操课。丰子恺最怕背毛瑟枪做兵操课，练习跪击时要把屁股坐到脚后跟上，他的腿部结构异常，用力坐下去时疼得厉害。有一次，因为蹲得不够低，被助教用双手在肩上一压，丰子恺痛不可当，连人带枪倒在地上……

　　凡此种种，丰子恺都很不习惯，痛苦得很。他很想家，想母亲，好几次借上厕所的机会，独自离开自修室，到操场偏远的一个角落里，望着天上明月，唱起《可爱的家》，独自发泄离愁别绪。

　　对这种寄宿舍的生活，丰子恺感到无限拘束、无比不快，甚至悲哀。他崇尚自由，一生中好多时光宁可赋闲，也不愿意去学校、机关任职受束缚，也与这种个性有关。丰子恺三十多岁的时候，有一次，外甥搭他的船，从石门同行到嘉兴。原本他坐船沿着运河前行，还有几分悠闲，嘉兴的寓所又十分舒适安静，他在船上十分愉快。当听说外甥要去上海过寄宿舍生活后，他十分同情，忽然兴味索然，百无聊赖，甚至感到可悲可怕，黯然神伤。可见，当年的寄宿舍生活，给他留下了多大的阴影。

对丰子恺来说，值得安慰的是，初到浙一师时他遇到了一个知心同学杨伯豪，这给他的苦闷生活增添了一点点喜色。

那一年录取的预科新生共八十余人，分甲乙两班。自修室则是全校十班混合编制。丰子恺与杨伯豪同在甲班，且又在同一个自修室，便注定了两人相识相知的缘分。

杨伯豪，名家俊，浙江余姚人，是丰子恺进校后初识的同学，两人很谈得来。杨伯豪具有冷静的头脑和卓尔不凡的志向，而丰子恺那时年幼单纯，只晓得一味用功，从没有考虑过自己的前途。

有一天，两人谈到入学的事。丰子恺说是听从母亲和先生的意见，进了这个学校。而杨伯豪却说："这何必呢！你自己应该抱定宗旨！"从这天起，丰子恺对杨伯豪产生了敬畏之心，并意识到自己应该有觉悟、有志气。

杨伯豪对学校的宿舍规则，也常常抱不平之念。他在生活上对丰子恺很照顾，一次丰子恺发疟疾，是他代丰子恺求寝室长开门取衣服，并送丰子恺去调养室。他对丰子恺说："你不要过于胆怯而只管服从，凡事只要有道理。"这给丰子恺带来许多温暖与激励。

杨伯豪的个性与众不同，每逢不喜欢的课，他便公然旷课，

自己在自修室看喜欢的书，舍监训诫也不听，只管到藏书楼去借
《昭明文选》《史记》《汉书》等自己喜欢的书来看。他的学识很广
博，丰子恺很佩服他，深深被他吸引。

春天来了，两人利用周日，常常一同游西湖。杨伯豪总喜欢
带丰子恺到那些无名景点去玩。西湖边上、保俶山上、雷峰塔下，
留下了两个年轻人的足迹。杨伯豪的一举一动，对丰子恺很有吸
引力，丰子恺不知不觉地倾慕他，追随他。

有一次，丰子恺春游西溪后，写下了《溪西柳》一诗：

溪西杨柳碧条条，堤上春来似舞腰。
只恨年年怨摇落，不堪回首认前朝。

春天刚走，夏天很快就来了。放暑假的前一天，丰子恺与杨
伯豪又去西湖山水间游玩。归途中，杨伯豪突然对丰子恺说："这
是我们最后一次游玩了。"丰子恺惊异地问为何这样说。杨伯豪
说，他决心脱离这个学校。丰子恺听了，沉默良久。他知道，伯
豪说了，便一定会做到。

果然，秋季开学时，学校不再有杨伯豪的踪影，先生们少了
一个令人头痛的学生，而丰子恺则少了一位私心倾慕的同学。他
照旧过着那种苦闷的日子，不过心底里却因杨伯豪的影响而起了
变化。对于学校的反感，对于寄宿舍生活的厌倦，在他心中不断
堆积着。"艳红姹紫无消息，赢得是新愁。故里音书寂寂，客中岁
月悠悠。"他思念朋友，思念故乡，孤独寂寞，再无人可以倾诉，

无处可以排遣。

丰子恺没有想到，卓尔不群的杨伯豪会这样快地离开自己的生活，之后又未能逃脱社会的重压，还早早地离开了这人世间。杨伯豪离开浙一师后曾担任过余姚市第一中心小学校长，终日生活忙碌，年纪轻轻便死于传染病。从那之后，丰子恺永远失去了这位曾给他许多安慰、许多鼓舞的知心好友。后来，他曾写《伯豪之死》一文，怀念伯豪、赞赏伯豪之情洋溢于字里行间。相聚与别离，令人唏嘘。

杨伯豪是丰子恺初入浙一师时碰到的第一位知心好友，虽然相聚时短，但感情深厚弥久，终生难忘。可以说，与杨伯豪一起游识西湖，也是少年丰子恺与杭州的初识，纯真而美好。

浙一师旧址一角，楼上为宿舍，楼下为自修室，院内梧桐现存少数

游春人在画中行

事实上，丰子恺选择读浙江省立第一师范学校是一个正确的决定。因缘际会，他入了一所名校，在此受教于诸多名师，奠定了他献身艺术的基础。

浙江省立第一师范学校前身是创办于1908年的浙江官立两级师范学堂，1912年改名为浙江两级师范学校，1913年又改名为浙江省立第一师范学校。当时许多在学界颇负盛名的人都曾在该校任教，如首任校长沈钧儒，继任校长经亨颐，教师有夏丏尊、马叙伦、张宗祥、许寿裳、鲁迅、沈尹默、李叔同、姜丹书等。他们中的许多人与丰子恺有交往，有的是他的老师，有的后来成为他的终身挚友。

丰子恺入学时，校长是经亨颐，他十分注重教学改革，提倡德、智、体、美、群五育并重，尤重德育，注重人格教育，传播新文化。当时的浙一师无疑是浙江新文化运动的中心。经亨颐的教学理念，吸引了与之相投的李叔同、夏丏尊、姜丹书、单不厂（音庵）等名师前来执教，开创了艺术教育的新风气。而丰子恺幸运地成为这些名师的学生。名师出高徒，在这样的氛围里，他自然能受到更好的教育，进入更高的平台。

对丰子恺一生影响最深的，莫过于李叔同、夏丏尊这两位恩师了。他在1929年写的《旧话》一文中曾回忆道："我的入师范学校是偶然的，我的学画也是偶然的，我的达到现在的生涯也是偶然的。我倘不入师范，不致遇见李叔同先生，不致学画；也不致遇见夏丏尊先生，不致学文……"偶然，便是一种不可抗拒的缘分。

丰子恺入浙一师的第二年，李叔同担任他所在的预科班的音乐美术老师。

李叔同（1880—1942），原籍浙江平湖，出生于天津，曾留学日本，毕业于东京美术学校。他多才多艺，精通美术、音乐、演剧、文学、书法、金石等，为中国最早的话剧团春柳社之创办人，也是中国最早研究西洋绘画、音乐者之一。1912年7月，李叔同应经亨颐校长之聘，来到浙一师任教。

师从李叔同，对丰子恺的一生产生了深刻的影响。那时，学校重视美术、音乐科，校内有开天窗、设画架的图画教室和独立专用的音乐教室，并配备有大小五六十架风琴和两架钢琴。下午四点以后，满校都是琴声，图画教室里一直有人在对着石膏模型练习木炭画，其氛围如同一所艺术学校。

丰子恺他们就是在这样的良好氛围里，听李叔同上音乐图画课。李先生上课很严肃，样子"温而厉"。每次上课前，李先生已在上下两块可移动的黑板上清楚地写好内容，上课铃响，他站起来，深深地一鞠躬，课就开始了。同学们早知道他的脾气，上课从不敢迟到。

当时的师范生都要学弹琴。上课时，十数人为一组，环立琴旁，看李叔同范奏。李叔同每周给学生们上一次弹琴课，新课教好，示范后，就由学生自己回去练，一周后还琴。一旦弹错，他便会指点乐谱，令学生从某处重新弹起。还琴不能通过时，他会用平和而严肃的语调低声说："下次再还。"有时没见他说话，学生也能从他的眼神里看出自己还琴没通过，请求下次再还。他话很少，说话总是和颜悦色，但学生非常怕他、敬他。丰子恺最怕还琴。还琴的时间总是在午餐后到下午第一节课之间，因为要还琴，他养成了快速吃饭的习惯，吃完即匆匆去教室还琴。

那时候，丰子恺最喜欢李叔同教他们唱歌，歌曲是李叔同自己作的。如《西湖》：

> 看明湖一碧，六桥锁烟水。
>
> 塔影参差，有画船自来去。
>
> 垂杨柳两行，绿染长堤。
>
> 飏晴风，又笛韵悠扬起。
>
> ……

又如《春游曲》：

> 春风吹面薄于纱，春人装束淡于画。
> 游春人在画中行，万花飞舞春人下。
> 梨花淡白菜花黄，柳花委地芥花香。
> 莺啼陌上人归去，花外疏钟送夕阳。

每每在丰子恺他们唱得正兴浓时，下课铃声响起了。音乐课后是博物课，对于丰子恺来说，那兴味真是有天壤之别。

在预科班时，丰子恺的学习成绩屡次名列第一，文艺格外见长。但三年级后，师范学校的课程渐渐注重教育与教授法，而丰子恺认为学校开设这些课，是阻碍自己进步的。他曾梦想过，将来或从事古文研究，或进理科大学研究理化，或入教会学校研究外文，而当时却不得不硬着头皮学习师范类课程，因此感到无奈与烦恼。

后来，李叔同来教图画课。李先生的教学法非常新奇，他不再让学生临摹商务印书馆出版的《铅笔画帖》和《水彩画帖》，而让他们学木炭写生。上图画课时，学生不必用书，只管到设有三脚画架的教室去上课。

学了木炭写生后，丰子恺觉得"今是昨非"，还深深体味到一种与英文、数理完全不同的兴味，因而渐渐疏远其他功课，埋头木炭画中。由于受李先生的影响，丰子恺把整个兴趣都投在了西洋画上，因而进步神速。

有一晚，丰子恺为了一些事去见李叔同。欲告退时，李叔同特别叫住他，郑重地对他说："你的画进步很快！我在所教的学生中，从来没有见过这样快速的进步！"李叔同当时兼授南京高等师范和浙一师两校的图画课。最敬佩的老师说的这两句话，一下子激励了丰子恺。当晚，他"打定主意，专门学画，把一生奉献给艺术"。他的这个志向，终身未变。

从那以后，他专心于艺术，常常托故请假到西湖边写生，而荒废了许多师范生的功课。一、二年级都考第一名的他，三年级后降到第二十名。多亏有前两年的好成绩，平均起来，毕业成绩还算好。

自从跟着李叔同学木炭写生的画法，读了美术论著，丰子恺"渐渐寻出门径"，画画也进步起来，从此把一切画册视同废纸，确信学画只需"师自然"。

那时，丰子恺迷恋于写生画，常常到西湖边写生。有一次，他看到一个同坐船的老人眼睛生得特别高，便从袋里摸出一支铅笔来，竖起了向老人的面前伸过去，打算测量其比例。老人以为丰子恺拾到了铅笔要还给自己，笑着伸手来接，然后又笑着说："这不是我的东西。"还有一次，丰子恺在站台上等火车，站台立刻成了他的图画室。他发现一个卖花生米的人眼睛细得寻不着，他想看清楚那人的眼睛高低生得如何，便走过去。那人立刻笑嘻嘻地问他要买多少花生米，他只得将错就错，买下一包。这类笑话还有不少，可见他作画的专心程度。

当时学习的西洋画及西洋音乐，多从日本介绍进来。为了直接接触原著，从多方面提高丰子恺的艺术修养，李叔同还给他"开小灶"，要求他在学习必修的英文外，再苦修日文，并利用课余时间亲自辅导他。丰子恺后来日文进步神速，游学日本，也与李叔同的启蒙分不开。

丰子恺崇敬李叔同，他在《我与弘一法师》中写道："就人格讲，他的当教师不为名利，为当教师而当教师，用全副精力去当教师。就学问讲，他博学多能，其国文比国文先生更高，其英文比英文先生更高，其历史比历史先生更高，其常识比博物先生更富，又是书法金石的专家，中国话剧的鼻祖。他不是只能教图画音乐，他是拿许多别的学问为背景而教他的图画音乐。夏丏尊先生曾经说：'李先生的教师，是有后光的。'像佛菩萨那样有后光，怎不教人崇拜呢？而我的崇拜他，更甚于他人。"

在李叔同的艺术熏陶下，丰子恺第一次领略到艺术的强大魅力，艺术的新芽由此萌发。因为带着这样艺术的眼光来观察自然、描绘自然，丰子恺也真正领略到了杭州西湖山水之大美，从此醉心于艺术，在艺术的大海洋里快乐地徜徉，一如"游春人在画中行"。

1918年，丰子恺在浙江省立第一师范学校

爱的教育

　　一切都是缘分。丰子恺选择了浙一师，也就选择了他献身艺术的命运。于是，命运之神为他送来李叔同，成为他艺术上的启蒙者；又为他送来夏丏尊，成为他文学上的启蒙者。学生时代能遇到这样的好老师，之后又终身受教，丰子恺实在是太幸运了。

　　夏丏尊（1885—1946），浙江上虞人，著名的文学家、教育家、编辑出版家。和李叔同一样，夏丏尊也是一位多才多艺的老师，诗文、金石、书法、理学、佛典以至外文、自然科学、绘画鉴赏等，样样都通。

　　1914年，丰子恺进浙一师读书的时候，夏丏尊在浙一师任舍监，并教授国文、日文。夏丏尊担任丰子恺的国文老师，这是丰子恺认识夏丏尊并与之交往的开始。后来，李叔同出家后，就由夏丏尊来教授丰子恺日文。

在丰子恺的印象中，夏丏尊与李叔同对学生的态度完全不同，而学生对他们都充满了敬爱之情。李叔同对学生的态度是和蔼可亲，从来不骂人。夏丏尊对学生则是心直口快，学生生活上大大小小的事情，他都要操心，都要关心体贴。他对学生如对子女，率直开导。起初，学生们觉得忠言逆耳，看见他的头大而圆，就给他取诨名"夏木瓜"，后来知道他是真爱学生，"夏木瓜"就成了爱称。凡学生有所请愿，大家都说："同夏木瓜讲，这才成功。"有一个顽皮的学生曾说："我情愿被夏木瓜骂一顿，李先生的开导真是吃不消，我真想哭出来。"两位导师，如同父母一般，李先生是"爸爸的教育"，夏丏尊是"妈妈的教育"。

尽管两位老师的教学方式不同，但在丰子恺的眼里，夏先生的国文课与李先生的图画课、音乐课一样严肃而有趣。因为他们两个人同样博学多能，深解文艺之真谛，教课都能引人入胜，深得学生敬仰，可以说是殊途同归，学生无不心悦诚服。

夏丏尊曾经说，李叔同当教师，好比一尊佛像，是有后光的，所以令人敬仰。丰子恺认为这也是夏丏尊的"夫子自道"。

丰子恺一直将夏丏尊当作自己的文学启蒙者。在浙一师，他一直专心学习绘画、音乐，其他各科并不着意，但对中国文学的研究与业余的日文学习始终不放松，这自然与夏丏尊的影响分不开。

夏丏尊教学生作文，其方法很有特色。他让学生写一篇"自述"，要求大家不准讲空话，要老实写。有一个学生写自己父亲客死他乡，他"星夜匍匐奔丧"。夏丏尊苦笑着问他："你那天晚上真个是在地上爬去的?"那个学生羞得脸颊绯红。还有一个学生发牢骚,赞隐遁,说要"乐琴书以消忧,抚孤松而盘桓"。夏丏尊厉声问他:"那你为什么来考师范学校?"说得那个学生无言以对。

丰子恺后来热衷于文学创作,对其影响最深的莫过于夏丏尊了。他曾在《旧话》等文章中回忆说:"我在校时不会作文。我的作文全是出校后从夏先生学习的。夏先生常常指示我读什么书,或拿含有好文章的书给我看,在我最感受用。他看了我的文章,有时皱着眉头叫道:'这文章有毛病呢!''这文章不是这样做的!'有时微笑点头而说道:'文章好呀……'我的文章完全是在他的这种话下练习起来。现在我对于文章比绘画等更有兴味。现在我的生活,可说是文章的生活。"

出了校门后,丰子恺也一直追随夏丏尊先生学国文。从浙一师毕业后,丰子恺先在上海办学,后赴日本游学。从日本回来后,他就同夏丏尊共事,当教师,当编辑,交往比较多。在毕业之后的近二十年间,于丰子恺而言,夏丏尊亦师亦友,两人很是亲近。其时,李叔同已出家,芒鞋破钵,云游四方,和夏丏尊仿佛是两个世界的人。但在丰子恺眼里,他们还是以前的先生,不过所教的对象变了而已。

夏丏尊不但教丰子恺作文,还指点他在绘画上创新。抗日战争全面爆发后,丰子恺离开故乡逃难,夏丏尊则一直留在上海。他每次给丰子恺的信中,总有几句是关于绘画的。他自己不作画,但富有鉴赏能力,论画很有独到见解。在传统中国画中,有人物的画历来只有两种,一种是以人物为主的,一种是以风景为主、人物为点缀的。但夏丏尊认为应该还有第三种画，即人物与风景并重的画，这也是他所盼望出现的理想的绘画艺术。这些论画的见解，对丰子恺很有启发。

正因为遇见了像李叔同、夏丏尊这样的好老师，丰子恺后来成了艺术家、文学家。可以说，浙一师时的学生生活，也是丰子恺艺术人生的起点。

抗战胜利后，1946年4月23日，丰子恺在重庆得知夏丏尊逝世的消息，伤心不已。他作《悼丏师》，回忆往日跟随夏丏尊的经历，文末写道："以往我每逢写一篇文章，写完之后，总要想：'不知这篇东西夏先生看了怎么说。'因为我的写文，是在夏先生的指导鼓励之下学起来的。今天写完了这篇文章，我又本能地想：'不知这篇东西夏先生看了怎么说。'"想到这里，丰子恺的两行热泪沉重地落在稿纸上。

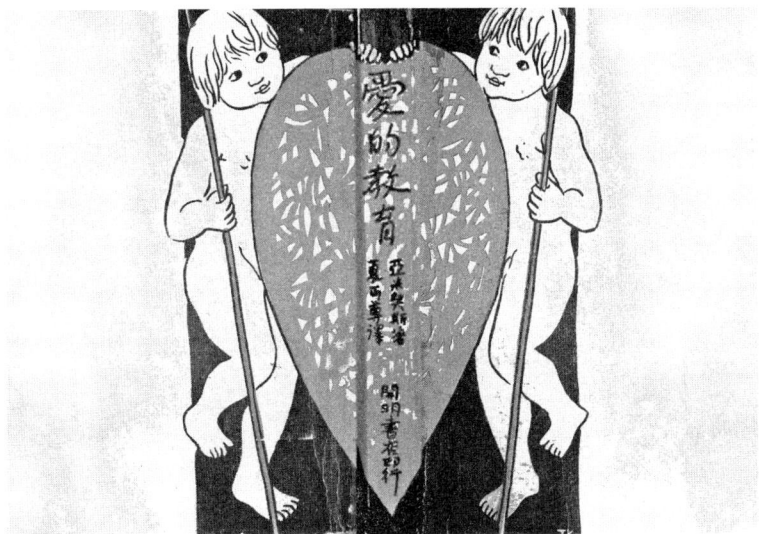

夏丏尊译《爱的教育》书影

送　别

"长亭外，古道边，芳草碧连天……"

1918年夏天的一个早晨，几个师生模样的人走出浙一师的大门，南行出涌金门，向虎跑寺走去。在距离虎跑寺不远处，他们停住了。诸学生哽咽，而只有先生神情坦然："从此没有李先生了，只有弘一僧了。"

这不是一次寻常的出行，而是中国近代教育史上一场著名的送别。送行的是丰子恺、叶天底、李增庸三个学生，告别的是一代艺术大师李叔同。

这一场送别，对于丰子恺来说，意义非同寻常，终生难忘。从此，他与李叔同之间不再是简单的师生关系；从此，他也与佛教结下了不解之缘。

那年，丰子恺二十一岁，他在浙一师读书的第四年，他最敬仰的李先生忽然就出家了。其时，李叔同三十九岁。1918年的8月19日（农历七月十三），丰子恺与两位同学送李叔同到虎跑寺正式出家。李叔同穿上袈裟，剃了头发，等待择日正式受戒。后来丰子恺再去看望他时，见他光着头皮，穿着僧衣，俨然一位清癯的法师了。丰子恺从此改口，称他为"法师"。

此前，李叔同曾有志于学道。1916年，夏丏尊从一本日本杂志上看到一篇关于断食的文章，说断食可以使身心得到更新，又说古人如释迦牟尼、耶稣，都曾断过食。李叔同读后，决定照样去实行，便由校工闻玉陪同，到杭州虎跑大慈山定慧寺实行断食。断食十七天后，他自觉有"身心灵化"之感。后来，李叔同便学佛并正式剃度出家，成为僧人，法名演音，号弘一。

李叔同决定出家之前，从容地安排好了许多事情，不仅结束了在浙一师的课业，关于丰子恺的继续深造，他也做了安排。他把丰子恺介绍给1918年春来华的三宅克己、大野隆德、河合新藏等日本画家，让丰子恺陪同他们在杭州活动，又请夏丏尊教导丰子恺日文。

出家前数月，李叔同带丰子恺到西湖玉泉寺去看望程中和。程中和在"二次革命"时曾当过团长，亲去攻打南京，后来忽然悟道，看破红尘，将在虎跑寺出家为僧，先暂时住在玉泉寺为居士。丰子恺见到程中和时，见"他穿着灰白色的长衫，黑色的马褂，靠在栏上看鱼。一见他那平扁而和蔼的颜貌，就觉得和他的名字'中和'异常调和"。程中和，便是后来的弘伞法师。

李叔同在正式受戒之前，又与自己的两位得意门生，擅长绘画的丰子恺和擅长音乐的刘质平一起到照相馆合影留念，并亲自在照片上题字："弘一将入山修梵行，偕刘子质平、丰子子恺摄影。戊午四月十五日。"此为丰子恺留下的唯一一张与弘一法师的合影。

就在出家的前一晚，李叔同又叫丰子恺、叶天底、李增庸三人到他的房间里，把自己的东西分送给他们。

丰子恺得到李叔同亲笔自撰的一个诗词手卷，其中有一首《金缕曲》，是1905年李叔同将到日本时作。词曰：

> 披发佯狂走。莽中原，暮鸦啼彻，几枝衰柳。破碎河山谁收拾？零落西风依旧。便惹得、离人消瘦。行矣临流重太息，说相思、刻骨双红豆。愁黯黯，浓于酒。
>
> 漾情不断淞波溜。恨年来、絮飘萍泊，遮难回首。二十文章惊海内，毕竟空谈何有。听匣底、苍龙狂吼。长夜凄风眠不得，度群生、那惜心肝剖？是祖国，忍孤负。

那晚，李叔同展开手卷给丰子恺看的时候，特别指着这阕词，笑着说："我作这阕词的时候，正是你的年纪。"又说："此前尘影事，子姑存之，藉留遗念云尔。"丰子恺后来回忆自己当时只是"年幼无知，漠然无动于衷"。

丰子恺还得到一部残缺不全的《莎士比亚全集》。李叔同当时对他说："这书我从前细读过，有许多笔记在上面，虽然不全，也是纪念物。"另外，他还得到了一包李叔同在俗时的照片。

让丰子恺倍感珍贵的是一册《人谱》（明刘宗周著，书中列举古来许多贤人的善言懿行，凡数百条）。在这书的封面上，李叔同亲笔写了"身体力行"四个字，每个字旁加一个红圈。在送书前的某一天，他叫丰子恺和其他几个同学到他房间里去谈话，他翻开这册《人谱》，指出一节给他们看，并讲解"先器识而后文艺"的意义："首重人格修养，次重文艺学习。"更具体地说："要做一个好文艺家，必先做一个好人。"丰子恺那时正热衷于油画和钢琴的技术，听了他的这番话，"心里好比新开了一个明窗，真是胜读十年书"，从此对李先生更加崇敬了。"先器识而后文艺"，丰子恺自始至终记着李先生的教诲，毕生切切实实按照这个去实践。

当时，许多人都不理解李叔同为何要出家。认识他的人都觉得甚为可惜，为中国艺术界少了一位真正的艺术家而可惜。

1919年，丰子恺在杭州见了弘一法师，后来返乡回石门湾，向母亲讲起了拜访弘一法师的事。又在橱内寻出他出家时送的一包照片来看。其中有穿背心、拖辫子的，有穿洋装的，有扮《白水滩》里的十三郎的，有扮《新茶花女》里的马克的，有打扮成印度人样子的，有穿礼服、穿古装的，有留须穿马褂的，有断食十七日后的照片，还有出家后穿僧装的照片。在旁同看的几个亲戚都很惊讶，有人说："这人是无所不为的，将来一定要还俗。"有人说："他可赚二百块钱一月，不做和尚多好呢!"之后，丰子恺又把这包照片带到上海，给立达学园的同事和学生们看。有许多人看了，又问："他为什么做和尚?"

是啊，李先生为什么出家做和尚? 这也是丰子恺内心一直在探究的问题。终于有一天，他悟出了先生出家的原因：李先生出家不是因为消极、悲观，而是"行大丈夫事"。丰子恺在许多文章中都讲到了这个观点，如在《拜观弘一法师摄影集后记》中写道：

> 我们的法师的一生，花样繁多：起初做公子哥儿，后来做文人，做美术家，做音乐家，做戏剧家，做编辑者，做书画家，做教师，做道家，最后做和尚。浅见的人，以为这人"好变""没长心"……我的感想，他"好变"是真的……全靠好变，方得尽量发挥他各方面的天才，而为文艺教育界作不少的榜样，增不少的光彩。然而他变到了和尚，竟从此不变了……可见在他看来，做和尚比做其他一切更有意思。换言之，佛法比文艺教育更有意思，最崇高，最能够满足他的"人生欲"。所以他碰到佛法便叹为观止了。料他"不久要还俗"的朋友，现在大约也能相信我这句话："佛法最崇高。"

当时，人们都以为李叔同是受了什么刺激，因而遁入空门。丰子恺却认为，李叔同出家是必然的。后来，他还用人生"三层楼"做比喻，做了进一步的诠释。

丰子恺在《我与弘一法师——卅七年十一月廿八日在厦门佛学会讲》中写道：

> 我以为人的生活，可以分作三层：一是物质生活，二是精神生活，三是灵魂生活。物质生活就是衣食。精神生活就

是学术文艺。灵魂生活就是宗教。"人生"就是这样的一个三层楼。懒得（或无力）走楼梯的，就住在第一层，即把物质生活弄得很好，锦衣肉食，尊荣富贵，孝子慈孙，这样就满足了。这也是一种人生观。抱这样的人生观的人，在世间占大多数。其次，高兴（或有力）走楼梯的，就爬上二层楼去玩玩，或者久居在里头。这就是专心学术文艺的人。他们把全力贡献于学问的研究，把全心寄托于文艺的创作和欣赏。这样的人，在世间也很多，即所谓"智识分子""学者""艺术家"。还有一种人，"人生欲"很强，脚力很大，对二层楼还不满足，就再走楼梯，爬上三层楼去。这就是宗教徒了。他们做人很认真，满足了"物质欲"还不够，满足了"精神欲"还不够，必须探求人生的究竟。他们以为财产子孙都是身外之物，学术文艺都是暂时的美景，连自己的身体都是虚幻的存在。他们不肯做本能的奴隶，必须追究灵魂的来源，宇宙的根本，这才能满足他们的"人生欲"。这就是宗教徒。世间就不过这三种人。

在丰子恺看来，弘一法师"人生欲"非常强，"他的做人，一定要做得彻底"。他早年对母尽孝，安住在第一层楼中。中年专心研究艺术，发挥多方面的天才，便是迁居在第二层楼了。强大的"人生欲"不能使他满足于第二层楼，于是爬上第三层楼去，做和尚，修净土，研戒律，这是当然的事，毫不足怪的。因为"艺术的最高点与宗教相接近。二层楼的扶梯的最后顶点就是三层楼。

所以弘一法师由艺术升华到宗教，是必然的事"。

丰子恺这个人生"三层楼"的比喻，是他对李叔同出家的精辟解读。从这里可以看出，他深懂弘一法师追求更高人生境界，真正是"行大丈夫事"。

送别李先生去往人生的更高境界，让丰子恺心中也产生了一种更深一层的敬意与膜拜，这对他以后的艺术人生也自然而然产生了深刻影响。虎跑送别，与其说是送别，不如说是迎接：迎接新的人生，探究艺术真谛。

1918年，弘一法师（中）出家前与丰子恺（右）、刘质平（左）合影

送往与迎来

时间过得真快，送别李叔同出家的第二年，1919年夏天，丰子恺在浙一师五年的学习生涯也将结束。要告别熟悉的校园，告别熟悉的师友，告别美丽的西子湖，他的内心有期待，更有惆怅，有感恩，更有感慨。

浙一师，对丰子恺来说确实是一个难得的好平台。李叔同、夏丏尊等名师的悉心引导，为他以后的艺术人生奠定了方向；持续五年的刻苦学习，让他打下了良好的文学、艺术的底子。再加上西湖山水的熏陶，年轻的丰子恺艺术才华初露。

当时，浙一师有许多绘画、金石篆刻的课余组织，校长经亨颐和李叔同、夏丏尊等先生均精于此道。如桐阴画会（后改名"洋画研究会"）和乐石社（后改名"寄社"），就是李叔同创导的。桐阴画会还曾出版过《木版画集》，都是浙一师的师生自画、自刻、自印的作品。丰子恺长于绘画,被推举为画会的会务主持,因此认识了许多同窗好友,如叶天底、沈本千等,他们常常在一起钻研艺术或背着画箱到西湖边写生。

1918年5月,丰子恺作速写《清泰门外》,画的是一个老婆婆,一手挎竹篮,一手携小孩向前走去,简单几笔,却非常生动。这是现今发现的丰子恺最早的画作。

1919年5月,桐阴画会同人借杭州平海路原省教育会二楼举行第一次作品展。丰子恺、姜丹书、叶天底、沈本千等十多人的一百多件作品参展,还请弘一法师来检阅指导。这是丰子恺作品第一次公开展出。

学生时代的丰子恺,还喜欢作诗填词。1918年秋,他首次发表诗作,在浙一师《校友会》第十六期上发表《晨起见园梅飘尽口占一绝》《溪西柳》《春宵曲》《浪淘沙》《朝中措》《满宫花》《减字木兰花》《西江月》八首诗词。这是迄今为止发现的丰子恺最早的诗词作品。

晨起见园梅飘尽口占一绝

铁骨冰心霜雪中,孤芳不与众芳同。

春风一夜开桃李,香雪飘零树树空。

春宵曲

花老无风落,阴浓过雨新。

故园春色半成尘,正是绿肥红瘦最伤神。

西江月

百尺游丝莫系，千行啼泪难留。

艳红姹紫无消息，赢得是新愁。

故里音书寂寂，客中岁月悠悠。

春归人自不归去，尽日下帘钩。

丰子恺当时的诗词作品中多写伤春、惜别、怀乡之情，那是他内心的真实写照。他多愁善感，是一个敏感的文艺青年，又有点儿"少年不识愁滋味，为赋新词强说愁"。

1919年，是一个特别的年份，中国发生了一件具有划时代意义的大事——五四运动爆发。而这一年，对于丰子恺来说，也有几件人生大事。这一年的3月13日，是农历花朝日，丰子恺回故乡石门湾结婚，妻子是崇德县望族徐芮荪之女徐力民。浙一师时的学友杨伯豪寄来贺诗曰："花好花朝日，月圆月半天。鸳鸯三日后，浑不羡神仙。"

同年7月，二十二岁的丰子恺从浙一师毕业，拿到了毕业证书。他雇了一条船，将衣被等日用品及李叔同赠送的书籍等物品装到船上，告别了浙一师，告别了杭州，沿京杭运河回到了故乡石门湾。

当他的船靠近后河边老屋的时候，镇上的人都来观看，大家看到满满一船东西，都以为他带来了什么珍贵宝物呢。后来发现他载回来的是一船书和日用品，都觉得不可思议，还有点失望。

　　但是，这些东西，对丰子恺来说却是宝物。这里面有李叔同赠送给他的纪念物，凝结着老师的心血与教诲。可惜的是，抗日战争期间，这些东西，与缘缘堂一起化为灰烬。李叔同留给丰子恺的念想也就只能是回忆了。

　　告别了浙一师的校园，丰子恺又走进了另一个校园。1919年的秋天，他去了上海，和学长吴梦非、刘质平一起创办了上海专科师范学校，做起了教师，开始了新的人生之路。

浙江省立第一师范学校即今浙江省杭州高级中学的前身，20世纪50年代曾经改名为杭州市第一中学

第二章

浮生　在沪杭道中

从浙一师毕业后，丰子恺开始到上海工作。一年多后，又东渡日本。回国后，他先后在上海专科师范学校、上虞白马湖春晖中学、上海立达学园等学校任教。1930年春，丰子恺的母亲去世。待守孝期满，全家又迁居嘉兴杨柳湾，他因病辞去教职。这十多年间，他生活在上海，偶尔也去杭州拜访师友，往来于沪杭道中。

东渡与惜别

丰子恺回乡以后，按照正常途径，从师范毕业的他，做个老师是最顺理成章的事了。当时，一个表兄介绍他到本县做小学循环指导员，月薪三十元。丰子恺的母亲认为这个差事待遇不错，又可以不离开家。丰子恺内心无意做小学老师，他希望从事自己热衷的绘画事业，可眼下的家境不允许他继续升学专修绘画，操劳多年的母亲渐生华发，他也有了妻室。种种因素，令丰子恺迟迟未下决心。他在等候时机。

正在这个时候，同校学长刘质平和吴梦非，邀请他去上海创办专科师范学校。吴梦非也毕业于浙一师，学的是图画手工专修科，而刘质平刚好从日本研究音乐归国。他们一起在上海小西门黄家阙路一弄内租了几幢房子，创办了上海专科师范学校——中国第一所私立的艺术专科师范学校。吴梦非任校长，丰子恺任教务主任，教授西洋画等课程。丰子恺以日本明治年间出版的《正则洋画讲义》作为课程的主要参考教材，主张"忠实写生"的画法，认为绘画以踏实摹写自然为第一要义。当时的学生中有钱君匋、陶元庆等。

办这个专科师范学校，纯粹是为了理想，实在赚不了多少钱。为了生活，丰子恺他们三个人都在其他学校，如东亚体育学校兼课，吴、刘两位教音乐，丰子恺教图画。当时，丰子恺才二十一岁，是该校最年轻的教师，学生的年龄都在二十岁上下，有的甚至比他还年长，他的图画课很受人欢迎。除了体校外，他还在爱国女学、城东女学兼课。但专科师范学校始终是他们三个人心目中"自己的学校"。

这是丰子恺走上社会、走向大上海的第一次尝试。这个选择，对他一生来说至关重要。如果当初他选择了在老家做小学循环指导员，那结果肯定完全不同。

那时，丰子恺在上海的日本书店买了几册美术杂志，从中窥见了当时西洋画界的一些最新消息以及美术界的盛况，觉得自己在《正则洋画讲义》中所得的西洋画知识陈旧，因此产生了想了解西洋画全貌而去国外留学的念头。日本自明治维新以来，西洋艺术发展较快，日本又离上海近，旅费也比较便宜，因此丰子恺决定去日本留学。

丰子恺初到上海工作这一年多，忙于奔波，与杭州师友的联系不多。他在东渡日本之前，有一次特别的杭州之行，专程与师友话别。

1921年早春，丰子恺赴日临行之前，听说弘一法师到了杭州，他便专程去杭州闸口凤生寺向弘一法师告别。关于这次会晤，没有找到详细的记载。

在杭州时，他也与同学叶天底告别。叶天底曾有《送别丰子恺》一文（载于《杭州第一中学校庆七十五周年纪念册》），记录当时的惜别之情：

> 丰子恺是我最敬爱的同学，杭州别后，已将三年，昨天忽来和我话别，赴东京二科画会去。正想借此机会畅谈一会，不想怎么一来我底喉头却（咽）住了，就把心里所想的写出来。
>
> 子恺跑过来对我说："你几时去？""我明天去了。"就此便分手了！我默默对着他坐了半天——竭力想出一句话：子恺，就去了吧！什么别离聚首，别被黄梅涛浪沉浸了，什么你先我后，别被野樱花诱惑了，什么东亚西欧，陶成了"象牙塔"中的骷髅、尸块！只是一个地球！敬爱的子恺，去罢！子恺，也该去了！少吃些渠们的生鱼冷饭，已经饱看了那烦恼的愁容了，省得成胃病！已经饱听了那些无聊的叹声了，少装点渠们的军国思想，已经饱尝了干枯的滋味了，免得成痼疾！凄凄的景象，子恺，去罢！却是绝好的画材。

叶天底（1898—1928），原名霖蔚，学名天瑞，又名天砥，上虞谢家桥人。1916年考入浙江省立第一师范学校，是丰子恺的同学。他能文善画，深受李叔同赏识。他与丰子恺同为桐阴画会的成员，两人交情深厚。后来，他走上了社会革命的道路。1920年8月，他在上海与同学俞季松、施存统等发起成立社会主义青年团。1923年底，加入中国共产党。之后，他受党的委派赴苏州、上虞等地开展革命活动。1925年，与张闻天一起创建中共苏州独立支部，任支部书记。1927年11月，中共浙江省委决定组织浙东农民暴动，但未及行动，已被敌人探悉，叶天底等遭敌人逮捕。次年2月8日，他在杭州陆军监狱遇害。

丰子恺从杭州回到上海后，就卸去所有职务，去了日本东京。1921年初春，二十四岁的他搭"山城丸"号客轮赴日留学。他得到了亲戚朋友在经济上的接济，共计约两千元，在东京勉强维持了十个月的用度。这年冬天，因资金问题而返。

在东京期间，丰子恺专心学习绘画、音乐。当时因学习外文的需要，他读了许多日文原版的文学作品，居然迷上了夏目漱石和德富芦花，他对文学的兴味也从那个时候开始变浓，这为他后来的散文创作打开了一扇门。最幸运的是，丰子恺在日本时偶然看到了著名画家竹久梦二的漫画，从而找到了在漫画创作上独特的努力方向，这是他游学日本的最大收获。从这个意义上讲，短短十个月时间对丰子恺来说也足够幸运了，他接触了新知，开阔了眼界，达到了他最初的目的。

丰子恺从日本归国后，回到上海，仍回上海专科师范学校教书，同时也到位于郊区的吴淞中国公学兼课，以教书谋生。

十个月的游学经历，对丰子恺一生影响巨大。那时他在上海南市三在里租了一所房子，经常去虹口买日本物品，以满足精神需要。他认为："日本的一切东西普遍地具有一种风味，在其装潢形式之中暗示着一种精神。这风味与精神虽然原是日本风味与日本精神，无论是小气，是浮薄，总有一个系统，可以安顿我的精神。"

1921年，丰子恺从日本归来时拍摄的肖像

如沐春晖

　　1922年初秋，时年二十五岁的丰子恺，由夏丏尊介绍，离开上海，风尘仆仆地前往浙江上虞白马湖畔，任春晖中学的图画、音乐和英文教师。在春晖中学，丰子恺与在浙一师时的许多师友相聚一堂，重温母校之风。教学之余，他饮酒作画，过了一段快乐的山水间的生活，著名的"子恺漫画"也由此问世了。

一

　　在春晖，丰子恺又一次与浙一师母校的师友们朝夕相对。

　　春晖中学创建于1922年，该年秋天开学。学校坐落于美丽的白马湖畔，校长经亨颐原本是浙江省立第一师范学校的校长，他受到了五四运动新思潮的影响，在浙一师推行教育改革，教师夏丏尊、陈望道、刘大白、李次九等支持新文化运动，被称为浙一师的"四大金刚"。1920年，浙江教育当局找到一个借口，责令经校长查办"四大金刚"。经校长拒不执行，当局下令撤换校长，学生群起挽留。当局竟出动军警镇压，一时激起学潮。不久，经亨颐、夏丏尊等便主动离校。经亨颐回到老家上虞，投入上虞春晖中学的建校工作。

夏丏尊于1921年从长沙回到家乡上虞，成为经亨颐校长的好助手，担负起日常教学工作。夏丏尊凭他对教育的热忱和交友的广泛，陆续邀请了许多名师来春晖任教，丰子恺即是其中之一。被邀请前来春晖任教的还有刘薰宇、朱自清、匡互生、朱光潜、王任叔、张同光等。春晖中学还经常邀请一些名人，如蔡元培、叶圣陶、郭沫若等，前来考察或演讲，使得当时的春晖成了人才荟萃之地，享誉全国。那段时期，国内教育界一度有"北有南开、南有春晖"的美谈。在夏丏尊等人的召集下，一批实力派作家也云集白马湖，形成了被文学史家称为"白马湖作家群"的文学群体，白马湖因此文气十足，美名远扬，令人欣羡。

白马湖的执教生涯是丰子恺一生中最美好的生活经历之一。最令他愉快的是与朋友们一起吃酒谈天。当时，夏丏尊将自己在学校附近山脚下寓住的几间瓦房，称为"平屋"。丰子恺的寓所则在夏丏尊的"平屋"边上，他在住宅的墙角里种了一株小杨柳，因而便自名"小杨柳屋"。"小杨柳屋"进门处设计成日本的玄关式，进门后通过门厅分成两边进入，左边是丰子恺的寓所，右边是刘叔琴家。"小杨柳屋"另一边则是经校长的"长松山房"。

当时，刘薰宇（贵州人，科学家）家就在夏丏尊家的隔壁，而刘叔琴家则是丰子恺家的贴邻，所以有"夏刘""丰刘"之称。四家关系亲密，不分彼此，买来整甏的绍兴酒，轮到哪一家开甏，大家便到哪一家去畅饮。单身在校的朱自清和朱光潜等，自然成为四家争相邀请的座上客。

当时白马湖地处乡间，好酒难觅。丰子恺与夏丏尊、朱光潜等朋友们时常一起赶到杭州西湖去喝酒，他们曾在碧梧轩品尝过该店著名的老黄酒。喝酒、游湖，是白马湖作家们快乐的业余生活。

丰子恺喜欢白马湖畔的生活，他写过一篇《山水间的生活》：

> 我的家庭在山水间已生活了一个多月了。我对于山水间的生活，觉得有意义……我曾经住过上海，觉得上海住家，邻人都是不相往来，而且敌视的。我也曾做过上海的学校教师，觉得上海的繁华和文明，能使聪明的明白人得到暗示和觉悟，而使悟力薄弱的人受到很恶的影响。我觉得上海虽热闹，实在寂寞，山中虽冷静，实在热闹，不觉得寂寞。就是上海是骚扰的寂寞，山中是清静的热闹。

二

在春晖，丰子恺又一次被激发了创作的热情。

丰子恺在白马湖畔的山水间生活，犹如重温当年在杭州西湖边的学生生涯。教学之余，他到白马湖边写生、画画，或与友人泛舟湖上，其乐融融，优哉游哉，创作灵感勃发。春晖中学的早期校歌，还是丰子恺用唐代诗人孟郊的《游子吟》作歌词，再配以曲子而成。

在春晖中学任教期间，授课之余，丰子恺努力钻研文艺理论，并开始用毛笔作画，即简笔写意画，随时将古诗词意境、学生生活、儿童生活、社会现状等即兴画出，其画风受竹久梦二、陈师曾等画家的影响。这些简笔画深得朱自清、夏丏尊等人的赞赏。

丰子恺曾创作了两幅漫画——《经子渊先生的演讲》和《女来宾——宁波女子师范》，刊载于春晖中学的校刊《春晖》第四期上，这是迄今为止发现的丰子恺最早发表于内部刊物上的漫画。这两幅画采用白描手法来表现人物，且有意淡化人的五官，只是很简洁地勾勒出脸部的轮廓，就能生动地体现出人物的神态，有一种意到笔不到的意境。这为研究丰子恺早期漫画创作和画风的形成及演变，提供了难得的资料。

有了丰子恺的漫画，"小杨柳屋"变得可爱起来、生动起来。朱自清说，"小杨柳屋"的客厅虽然小得"像骰子似的"，"天花板要压到头上来"，但"这里却充满着友谊的乐趣"，两壁上"早已排满了那小眼睛似的漫画稿；微风穿过它们间时，几乎可以听出飒飒的声音"。

"小杨柳屋"无疑是闻名中外的"子恺漫画"的发源地，而"子恺漫画"最初的欣赏者，自然是丰子恺在春晖的朋友们。

丰子恺曾回忆在春晖时最早作漫画的历程。

> 每当开校务会议的时候，我往往对于他们所郑重提出的议案茫然无头绪，弄得举手表决时张皇失措。有一次会议，我也不懂得所议的是什么。头脑中所有的只是那垂头拱手而伏在议席上的各同事的倦怠的姿态，这印象至散会后犹未忘却，就用了毛笔在一条长纸上接连画成一个校务会议的模样。又恐被学生见了不好，把它贴在门的背后。这画惹了我的兴味……于是包皮纸、旧讲义纸、香烟篓的反面，都成了我的canvas，有毛笔的地方，就都是我的studio了。

后来这些画被夏丏尊发现，由朱自清等人推荐，在刊物上陆续发表。

1924年7月，丰子恺在朱自清、俞平伯等合办的文艺刊物《我们的七月》上第一次公开发表漫画《人散后，一钩新月天如水》，署名"子恺"。这幅画题材取自宋代谢逸《千秋岁》词中"人散后，一钩淡月天如水"的意境，并赋予它新的时代内容，显示出丰子恺漫画的创造性。不久，它引起了《文学周报》主编郑振铎的关注。

郑振铎当时主编文学研究会的机关刊物《文学周报》。朱自清到白马湖去，郑振铎便向他打听丰子恺的消息。1925年，丰子恺到上海创办立达学园时，《文学周报》正好需要用画作插图，郑振铎便通过胡愈之向丰子恺索画。

1925年3月10日，在郑振铎、胡愈之等人的努力下，《文学周报》冠以"子恺漫画"的题头，刊登丰子恺的漫画。从那时起，丰子恺的漫画陆续发表在《文学周报》上，"子恺漫画"日渐闻名。郑振铎首先使用该词代指丰子恺早期新鲜、率真的绘画作品，使之广为流行。

此后，《文学周报》上连续刊登丰子恺的《指冷玉笙寒》《翠拂行人首》《买粽子》等漫画。在郑振铎的建议下，1925年12月，《子恺漫画》由上海文学周报社出版，这是丰子恺的第一部漫画集，附丰子恺写的自序。同时，为画集写序跋的还有郑振铎、夏丏尊、丁衍庸、朱自清、刘薰宇、方光焘、俞平伯等，他们均对《子恺漫画》的艺术风格评价甚高，他们无疑都是"子恺漫画"得以发扬光大的伯乐。该漫画集出版后，引起巨大反响，次年再版。

三

山水间的生活才过了两年，1924年冬天，丰子恺等人便因在教育理念上与国民党政府产生分歧而愤然离开白马湖畔的春晖中学。

丰子恺等人离开春晖中学的原因，据丰一吟《潇洒风神——我的父亲丰子恺》载："春晖中学原是十分注重情感教育的……任何形式的体罚和不尊重人格的管理方式都被废除。学校提倡发展个性，思想自由，很早就实行学生自治。但渐渐地……春晖已难逃厄运，学校一再被迫要添置国民党'党义'一课，要做'纪念周'，唱国民党'党歌'。丰子恺一向热烈提倡唱李叔同先生作的歌曲，他首先表示对教'党歌'敬谢不敏。匡互生、丰子恺立即与省里派来的人有了分歧。"

1924年末，一个寒冬的早晨，学生黄源戴了一顶大毡帽，体育教员叫他摘下，他不肯，并且与之争论起来。政府派来的人恼羞成怒，趁此小题大做，压制学生运动，从而排挤匡互生、丰子恺等几位为学生所亲近的老师。经过激烈的风潮，对方的气焰被削弱，但匡互生认为白马湖上已受浓雾侵袭，不再是实施理想教育的园地了。匡互生、朱光潜等愤然离开春晖，一部分学生跟着他们一起走了。由于匡互生等人的出走，学生宣布罢课。当局只得提前放了寒假。接着，丰子恺与周为群、刘薰宇、夏丏尊等也陆续离开春晖，到了上海，他们与匡互生一起，开始筹建立达学园。

在当时的环境下，这群满怀理想的教育工作者，在浙一师树立教育新风不成，在春晖中学也难以真正推进新的教育事业，他们想要实践的理想教育，也成了空，便只得选择离开。对丰子恺来说，在春晖的日子虽短，却有着非同寻常的特殊意义。

丰子恺在上虞春晖中学时居住的"小杨柳屋"

暮春访师

　　离开春晖后，丰子恺等人开始在上海筹建立达学园。为了筹措经费，丰子恺卖掉了白马湖畔的"小杨柳屋"，约得七百余元，会同同事筹款一千余元。1925年春，立达中学正式成立。"立达"二字取自《论语》的"己欲立而立人，己欲达而达人"之意。立达中学的创办者们，怀着共同的理想，主张"爱的教育"，实行新的教育方法。同年秋，学校易名为"立达学园"。

　　1925年3月，立达学会成立，匡互生、夏丏尊、刘薰宇、丰子恺、陶载良、陈之佛、袁绍光、练为章、钱梦谓等九人为学会常务委员。会员有刘大白、朱光潜、陈望道、胡愈之、朱自清等四十二人。在立达学会，丰子恺结识了叶圣陶、郑振铎等文学界的朋友，他们都致力于儿童文学的创作，彼此意趣相合。这一时期，丰子恺发表了大量漫画作品。1927年2月，丰子恺的第二本漫画集《子恺画集》在上海开明书店出版。

丰子恺自1924年冬天到上海与友人创办立达，之后将近四年时间都是在上海度过，其间偶尔去杭州，也是数得清的几次。其中有一次，丰子恺同夏丏尊一起去杭州访弘一法师，此事在他后来写的《法味》一文中有记述。

1926年暮春的一天，弘一法师从杭州招贤寺寄了一张明信片给在上海的丰子恺，告知自己已从温州来杭，从事《华严疏钞》的厘定、修补与校对工作，承招贤老人（即弘伞法师）相留，在杭州住一段时间。

丰子恺便决定到杭州去访问。那时，他和夏丏尊同在上海工作，所以能够经常见面。但他们俩与弘一法师可是好久不曾见面了。丰子恺想起，赴日本前夕，曾在杭州闸口凤生寺向弘一法师告别，以后仆仆奔走，沉酣于浮生之梦，一晃多年，时间过得真快。于是，想见一见恩师的愿望便更加强烈起来。

这一天，丰子恺与夏丏尊一同坐火车去杭州。当时，从上海到杭州的车程差不多要五六小时。丰子恺坐在火车中，回想着弘一法师出家前在浙一师教授绘画、音乐的情景。而对座的夏丏尊，则从他每次出门必提着的小篮中抽出一本小说来翻，又常常向窗外凝望。车窗外是接续奔来的深绿的桑林。一路上，两个人的心里都怀着热切的期待。

车到杭州，已是上灯时分。他们先到西湖边的清华旅馆订下房间，然后就前往附近一家酒楼。

杭州是丰子恺的旧游之地。想当年，他有幸得受李叔同、夏丐尊之教，在浙江省立第一师范学校求学五载。从学校毕业后，这些年来，丰子恺很少有重游的机会，眼前的杭州，虽与昔日不同，但青天似的粉墙，棱角分明的黑漆石库墙门，冷静而清楚的新马路，官僚气十足的藤轿，叮当作响的包车，依然是八九年前的面貌，使他暂时回到从前，回想起学生时代的一切，生出无限的感慨。

这天晚上，丰子恺随夏丐尊去访问了几个住在近处的旧时师友，来不及游西湖就睡觉了。

翌晨七时，他即和夏丐尊乘东洋车赴招贤寺访弘一法师。招贤老人出来招呼，告知："弘一法师日间闭门念佛，只有送饭的人出入，下午五时才见客。"他诚恳地留夏丐尊、丰子恺暂且座谈。

招贤老人，即前文提到的程中和，法号弘伞，是弘一法师的师兄。两人都是在虎跑寺剃度的。李叔同剃度前数月，曾带丰子恺到玉泉寺去访他。如今重见，丰子恺觉得眼前的弘伞法师除了因刻苦修行而蒙上的一层老成与沉静的气象以外，声音笑貌，依然同多年前一样。丰子恺觉得，时间在他真是"无老死"。

从寺院出来后，他们又去访了湖上几个友人，之后就搭汽车返回旅馆。下午丰子恺与夏丐尊分途，约好下午五时在招贤寺山门口会集。等到丰子恺带了三个也要见弘一法师的朋友到招贤寺时，看到弘一法师已与夏丐尊对坐在山门口的湖岸石埠上谈话了。

弘一法师见丰子恺他们来，就立起身，用一种深深欢喜的笑颜相迎，又引大家进山门，入殿旁一所客堂。室中陈设简单而清楚，除了旧式的桌椅外，还挂着梵文的壁饰和电灯。大家坐了，暂时相对无言。夏丏尊便介绍与丰子恺同来的Y君。Y君向弘一法师提出关于儒道、佛道的种种问题，又述说其幼时念佛的信心及其家庭的事情。弘一法师微笑倾听。

丰子恺危坐在旁，细看弘一法师神色颇好，眉宇间秀气充溢如故，眼睛常常环视座中诸人，好像要说话。丰子恺问他近来的起居，又谈及他赠给立达学园的《续藏经》的事。这经原是王涵之先生赠予弘一法师的，他因为自己已有一部，要转送他处，夏丏尊就为立达学园向他请得了。但之前也曾两人来请求过，而久未来领，弘一法师便嘱丰子恺写信给那两人，说明原委，以谢绝他们。他回房了许久，拿出一张信稿来，暂时不顾其他客人，同丰子恺并坐了，详细周到地教丰子恺信上的措辞法。这种叮咛郑重的态度，丰子恺已多年没领略了，这使他顿时回到了学生时代。他"只管低头而唯唯"，同时俯了眼窥见弘一法师"那绊着草鞋带的细长而秀白的足趾，起了异常的感觉"。时隔这么多年未见，他觉得与弘一法师之间的情谊以及对弘一法师的敬畏一如从前。

微雨飘进窗来，大家就起身告别。弘一法师又用与之前同样的笑颜送大家到山门外。丰子恺他们也笑着，向弘一法师道别，各人默默地、慢慢地向断桥方向踱去。

丰子恺与弘一法师见面，深深地怀念起了他的学生时代，更有无端的怅惘。告别弘一法师后，这天夜里，他又吃了两次酒，同席的都是许久不见的旧时师友。师友相见，分外亲切，又有时光倒流的错觉。席间，有几个先生已经不认识丰子恺了，旁人告

丰子恺画的《弘一大师遗像》

诉他们说"他是丰仁"。而丰子恺听了别人呼自己这个久已不用的名字，又立刻像回到了浙一师时代。有一位先生与他并座，却没有认出他来，好像要问尊姓的样子。丰子恺对他说："我是丰仁，先生教过我农业的。"倒酒时，先生们笑着问丰子恺："酒吃不吃？"又拿了香烟问："吸烟不？"丰子恺只答以"好的，好的"，心中却自忖着："烟酒我老吃了！"教过丰子恺习字的一位先生又把荸荠省给他吃。丰子恺恍惚间觉得自己回到了年少时。

回到旅馆，丰子恺躺在床上浮想联翩："杭州恐比上海落后十年罢！何以我到杭州，好像小了十岁呢？"

翌晨，夏丏尊因有事还要勾留杭州，丰子恺便独自冒大雨上车返上海。

车中寂寥得很，丰子恺想起这些年来的心境，"犹如常在驱一群无拘束的羊，才把东边的拉拢，西边的又跑开去。拉东牵西，瞻前顾后，困顿得极。不但不由自己拣一条路而前进，连体认自己的状况的余暇也没有"。这次来杭，他觉得好像在弘一法师的明镜里约略照见了这些年来自己的影子，是"连续不断的乱梦中一个欠伸"，使得暂离梦境；拭目一想，又好像是"浮生路上的一个车站"，使自己得到数分钟的静观。车到了上海，浮生的淞沪车又载了他颠簸着往前跑了，更不知几时走尽这浮生之路。

杭州访师，让丰子恺的内心受到了极大的触动。正如杭州师范大学弘一大师·丰子恺研究中心主任陈星所写："在离别大师六年之后，确切地说是自从老师出家以后，丰子恺又一次渴望追随弘一大师，以使自己在这千丈红尘之中找到一个清凉世界。"

此后，丰子恺与弘一法师一直保持着密切的交往。1927年旧历九月二十六，他从弘一法师皈依三宝，法名"婴行"。而由丰子恺作画、弘一法师配诗的《护生画集》初集也于1929年2月由开明书店出版。教育家、作家赵景深说："李叔同是丰子恺的老师，无论在艺术上或是思想上，都是影响他最深的人。"

1927年的丰子恺

三访陋巷

自1928年暑假开始，立达学园因经费困难，西洋画科停办。丰子恺不再任课，他将西洋画科的学生推荐给杭州西湖艺术专科学校校长林风眠，并介绍教师陶元庆、黄涵秋及学生数十人加入西湖艺术专科学校。林风眠不仅全部接纳，还力邀丰子恺同去。丰子恺婉拒，在江湾著述谋生，开始了自由职业者的生活。这段时间，他往来于上海江湾、故乡石门湾之间，专心创作，作品比较多，如《护生画集》第一集就是在这个阶段绘就并出版的。他偶尔也去杭州，在沪杭道中，留下了他往来的足印，好多作品正是在途中所作，如1929年4月写的《〈近世十大音乐家〉序言》等。

1930年2月3日，丰子恺的母亲钟云芳去世，这对他的打击是巨大的。自此，丰子恺服孝蓄须。我们从他后来的许多照片上，看到他银须飘飘，平添一份潇洒。殊不知，他开始蓄须，是为了对母亲尽孝。守孝期满，丰子恺全家迁居嘉兴杨柳湾金明寺弄4号暂住。

因母亲去世，几年内又有不少亲朋好友相继离世，丰子恺一度陷入颓唐与迷茫的境地。迁居杨柳湾后，当年秋天，他因患伤寒症，卧病于嘉兴，伴着药炉茶灶度日。病愈后，他辞去立达学园的教务，专心写作、绘画。

静居杨柳湾这段时间，丰子恺创作了《我的苦学经验》《寄宿舍生活的回忆》《立达五周年感想》等作品。他曾自谓："故乡石门湾，工作在江湾，暂寓杨柳湾，平生与'湾'有缘。"时有"三湾先生"的雅号。

1931年4月5日，清明节，丰子恺有过一次特别的杭州之行，即受弘一法师之托访马一浮。这是他第二次到陋巷访马一浮。这次访问，对丰子恺来说感触尤深。

李叔同和马一浮是丰子恺一生中最敬重的两个人。对李叔同的敬重，一方面是因为他多才多艺，为人师表，令人敬佩；另一方面是因为他引导丰子恺走向了艺术道路。因为敬重，所以丰子恺一生追随他。而马一浮，经李叔同介绍认识后，亦成为丰子恺的终身导师。

马一浮（1883—1967），浙江上虞人，曾与鲁迅、周作人兄弟同场参加绍兴县试，名列榜首。马一浮博古通今，被誉为"千年国粹、一代儒宗"。他终身隐居，不随流俗，静居在陋巷里读书、做学问，数十年如一日，孜孜不倦地献身于国学。很多人踏

进这条陋巷来拜访他，如梁漱溟、熊十力等。又有很多人请他出
山，如1930年7月，竺可桢请他到浙江大学任教，同年9月，陈
百年请他到北京大学任教，他均婉言拒绝。马一浮的勤奋与博学，
深深地影响了丰子恺。

丰子恺对马一浮的尊崇，从他1933年写作的《陋巷》一文可
见一斑。文中写到他曾三访陋巷见马一浮的经历，以及受到的教
益与启示。

杭州的许多小街被称为巷。丰子恺以前在书上读到颜回"一
箪食，一瓢饮，在陋巷"的时候，常疑所谓"陋巷"，不知是怎样
的去处。想来大约是一条坍圮、龌龊而狭小的弄，"为灵气所钟而
居了颜子的"。故乡石门湾不乏坍圮、龌龊、狭小的弄，但都不能
使他想象作"陋巷"。到了杭州，看见了巷的名称，才在想象中确
定颜回所居的地方，大约是这种巷里。

而马一浮所居住的那条巷，在丰子恺眼里便是"陋巷"的代
表。虽然他只到过这陋巷三次，不过这三次的印象很深刻，犹如
人生的三次洗礼，有着极神圣的意义。在三次造访马一浮后，他
切身地感受到自己学识境界的提升。

第一次到这陋巷，丰子恺只十七八岁，正在浙一师读书，是
他的老师李叔同在出家前的某日，带他到陋巷拜访了马一浮。那
是他第一次认识马一浮，但当时两位高人说的话，他几乎一句也
听不懂，从进门到辞去，一直像个怀着愧恨的"傀儡"，冤枉地被
带到这陋巷中的老屋里来摆了几个钟头。但马一浮给他留下了极
为深刻的印象，对于马先生的教导，他只觉有兴味，却听不懂。

第二次到这陋巷，是十六年后的事了。1931年清明这一天，丰子恺受弘一法师之托，为送还两块印石，到杭州访马一浮，再次踏进了陋巷。这十多年来，无论是弘一法师、夏丏尊，还是丰子恺，他们的生活、经历都有很大的变化，而马一浮却一如既往地静居陋巷读书、做学问。丰子恺因为母亲于1930年病逝，清明忆母，感慨万千。从他孩提时起，母亲就兼了父职抚育他到成人，他想到自己未曾好好报答，悔恨至极，心中充满了对于世事无常的悲愤和疑惑。他陷入颓唐的状态，无法解脱。马一浮和他谈起了弘一法师的《护生画集》，劝慰他，勉励他，为他解说无常之理。他在马一浮家坐了约一个小时，马一浮的话和镇定的神色解开了他心头的乱麻，使他心中产生一种难以言喻的愉快感。

第三次是1933年1月初，丰子恺又来到陋巷。这次是他主动前往拜访马一浮的。从与马先生的谈话中，他受到很大的启发，此时，他已不像以前那么悲愤，已从颓唐中爬起来，想对无常做长期的抵抗了。那几年，丰子恺经常在诗词中读到"笙歌归院落，灯火下楼台""六朝旧时明月，清夜满秦淮"以及"白头宫女在，闲坐说玄宗"等咏叹无常的诗句，并及时把它们演绎成现代漫画。他有一个想法，将来这些画画多了，可以出版一本《无常画集》。马一浮听了他的这个设想，一方面告诉他可以找到这种题材的许多佛经和诗文集，还吟诵了不少佳句；另一方面又开导他："无常就是常。无常容易画，常不容易画。"丰子恺听闻此言，感觉自己一下子从"无常的火宅"中被救出，心里有无限的清凉。他最终没有出版《无常画集》，不执着于图其形了。

　　三访陋巷，好似人生的三堂课，给丰子恺不断地注入生命的活力，使他心情振奋，从此在无常的人生路上走出了一串恒常的艺术足印。从那以后，丰子恺对马一浮更加崇敬。

　　马一浮不仅是丰子恺的精神导师，更是他的忘年之交。从某种程度上讲，马一浮对丰子恺的影响，比弘一法师更深远、更直接。尤其是丰子恺闲居杭州时，以及后来逃难至桐庐时，两人交往更多，可谓无话不谈，推心置腹。而为两人开始建立起深厚友谊的，正是这条著名的陋巷。

　　此陋巷，便是杭州城内弼教坊延定巷，又称银锭巷。一条小巷，住着一代宗师，何陋之有？于丰子恺来说，三访陋巷，也不失为一种精神上的朝拜，实在耐人寻味。

丰子恺（右）和黄涵秋（左）

第三章

闲居 在杭州做「寓公」

从 1933 年春缘缘堂落成到 1937 年冬离开缘缘堂的五年时间里，丰子恺过着闲居的生活，创作了大量的文章和漫画，先后出版漫画集、随笔集和文艺论集二十余部。这五年，是丰子恺艺术创作的高峰期，其文艺思想日趋成熟。这一时期，他与杭州也特别亲近，孩子们到了进中学的年龄，丰子恺送他们到杭州投考初级中学，在杭州租了房子，做起"寓公"来。孩子们上学，他则专事著译，周末与他们到西湖边去游玩，假期带他们回故乡，往来于石门、杭州之间。这一时期他的写作，涉及杭州西湖的题材有很多。可以说，闲居不闲。

西湖上的一次"读书"经历

　　1933年春，缘缘堂在石门湾落成，这件丰子恺筹划了多年的大事，终于尘埃落定。此后，他在这个小天地里过着安居乐业的日子。"富贵于我如浮云"，这是丰子恺的人生境界。宁静的小镇，宽敞明亮的缘缘堂新屋，给他的艺术创作营造了良好的环境。这期间，他也经常到杭州，游西湖。

　　1933年11月的《中学生》杂志上，刊登了丰子恺的《读书》一文，记述了他当时从石门湾到杭州去看眼病，乘便独游西湖的所见、所感。十多年后，该文又经删减改名为《独游西湖》，发表在1947年7月7日的《天津民国日报》上。丰子恺作此文原本是要给青少年朋友谈书，结果通篇围绕西湖上看到的各种题字有感而发，最后又上升到他对于艺术的观点，是一篇很值得玩味的艺术趣谈。

杭州对丰子恺来说是老朋友了，几乎每一处地方他都很熟悉。学生时代他曾与同学杨伯豪同游，与画友沈本千、叶天底等到湖上写生，后又随李叔同到陋巷访马一浮，还送李叔同到虎跑寺出家……西湖于他犹如旧识，时时相携与游，处处行过留痕。

不过，这次游湖，和以前比，有许多不同：

一是独游之趣。以往游西湖，他大多是与师友或家人一起。而这一次，他是一个人来杭州看病，乘机重游一番，闲玩了两三天。他在寻常喜欢去的地方，泡上一碗茶，闲坐、闲行、闲看、闲想一番，享受着独游的安闲与宁静。

二是单纯游湖。以往游湖，他往往兼读书、画画。这次因为眼睛不好，他听从医生的话，不带一本书，不费神劳心，只管闲云野鹤般行走，也颇为从容，毫无牵挂，心思放宽。

或许正因为是独游，是单纯的游玩，他便对眼前的西湖看得更加仔细，看得更加认真。敏于观察的画家，自然而然地看到了许多常人不会注意的现象。西湖各处景点的题字非常多，有皇帝的御笔，有名人士大夫的楹联匾额，还有许多无名游客的题字。

丰子恺细细阅读了一番这些题字后，发现同样是题字，表现手法却不一样。皇帝的御笔和名人士大夫的楹联匾额，或勒石，或刻木，冠冕堂皇，金碧辉煌，装点在寺院的台榭中。而无数普通游客的题字，则挤在寺院台榭的墙壁、栋柱上，甚至门窗上。这些题字的作者，都想与湖山一样不朽，千古留名。写的内容无非是"某年某月某日某人到此一游"而已，但表现之法又各人不同，有的用木炭条写，有的用铅笔写，有的用毛笔写，还有的怕风雨侵蚀掉，特地用油漆涂写。各人写的形式也不同，有的字特别大，有的笔画特别粗，有的在别人直书的上面故意用横行或斜行的文字，都是为了引人注目。还有的引用英文、世界语，在满壁的汉字中别开生面……

看了西湖上这么多的题字后，丰子恺发出了许多感想。

首先是出乎意料的壮观。他写道："我每到一处地方，不论碑上的、额上的、壁上的、柱上的，凡是文字，都喜观玩……尽半日淹留之长，到底不能一一读遍所有各家的大作，我想，倘要尽读全西湖上发表着的所有的文字，恐非有积年累月的闲工夫不可。"题字之多，几乎成为西湖上一道独特的风景了。

其次是无名之笔不见得比名人手笔差。在丰子恺看来，名人名笔与无名游客留笔，各有优劣。皇帝御笔和名人手迹中，佳作固然有，但劣品也不少。它们全靠占着优胜的地位，施着华美的装潢，故能掩丑于无知者之前。若赤裸裸地品起美术的价值来，不及格的恐怕很多。壁上的炭条文字中，涂鸦的固然多，但真率自然之笔，也有不少。有的似出于天真烂漫的儿童之手，有的似出于识字不多的工人之手，然而一种真率简劲的美，为金碧辉煌的作品中所不能见。可惜埋没在暗壁角里，不易受世人的赏识，只能默默无闻。假若湖山的管理者肯从中选出佳作，也勒在石上，刻在木上，其美术价值当比御笔的石碑高贵得多呢。

丰子恺在西湖上一游，真正游出名堂来了。他借着游西湖，提出了关于艺术创作的独特观点。他不崇拜权贵名流，而是尊重平凡纯朴之作。这也正是他一贯主张的文艺观。

丰子恺认为，艺术应尊重普通劳动者的智慧，智慧往往在民间。他当时的《劳者自歌》系列随笔中，也都体现着这样的文艺观。如写到劳动者休息的时候要唱歌，丰子恺认为："他的声音是粗陋的。不合五音六律，不讲和声作曲……冲口而出，任情所至……他的歌是质朴的，不事夸张，不加修饰……他原是自歌，不是唱给别人听的……'聋人也唱胡笳曲，好恶高低自不闻'。"

这次西湖上的"读书"经历，是丰子恺无数次游赏西湖之中的一次真实记录。我们可以看出他是真心爱西湖，连对西湖上的这些题字也有独特的审美趣味。丰子恺的文章，常常会让你在平凡朴素的语言里，读出深意来。

1934年之杭州行

1934年春，丰子恺有一个写生旅行计划，打算赴杭州西湖做为期一个月的旅游写生。当时虽未成行，他却兴致勃勃地写了《五月》一文（初收入于《随笔二十篇》，后改名为《五月写生旅行》，发表在1947年6月30日的《天津民国日报》上）。文章写出了他对杭州西湖美好风光的期待，也写出了当时人间五月的不调和相。而就在这一年的夏天，丰子恺又经历了一次非同寻常的杭州之行。

民国廿三年（1934）夏，杭嘉湖地区久晴不雨，运河断流，小河干涸，田地龟裂。7月间最高气温达40.2℃。桐乡、崇德两县县城居民饮水困难，洲泉镇农民以船载水出卖。农民抬神求雨。7月18日，崇德县求雨农民数千人涌至县城告荒。警察开枪示禁，打死农民平锡荣，县长连夜逃离。20日，崇德县各界代表，因农民被枪杀，向浙江省政府和中央立法院控告，省政府拖延应付，商会罢市反抗。县长毛皋坤被免职。是年，桐乡市塘南庄稼枯死无存。饥民吃树皮、观音粉充饥，出外逃荒者甚多。崇德、石门、洲泉、屠甸等地均发生抢米事件。石门、屠甸、梧桐镇等地有大户施粥赈济。是年夏，石门镇霍乱流行，死亡者数十人……

这是《桐乡县志》里关于1934年夏天的简单记载。

那个旱热的夏天，对于丰子恺来说，可谓刻骨铭心，多次出现在他笔下的文与画中。

1934年夏的一天清晨，天气非常炎热，清早就高达33.3摄氏度。丰子恺一早起来准备出门，他臂上挂着一件夏布长衫，手里提着行囊，在朝阳朗照下坐船出行，船就沿着运河向长安火车站驶去。

船里备着茶壶、茶杯、西瓜、薄荷糕、蒲扇和凉枕，都是他从家里拿来的，同以前出门写生的时候一样。但这回上了船，丰子恺的心情非常不快。原因是在这么热的天，还得出门，况且又坐在这逼近太阳的船篷底下。郁郁中，他打开行囊，一眼看见一册《论语》，封面题有李笠翁的话，说人应该在秋、冬、春三季做事而在夏季休息。想到自己今天为了必要的人事而出门，不比以前开"写生画船"时那样悠闲，他心里便很郁闷，似乎觉得船室里的事物件件都不称心了。然而船窗外从没见过的特殊景象，却一下子引起了他的注意。

从石门湾到崇德县城之间，十八里运河的两岸，密集地排列着无数的水车。无数仅穿一条短裤的农人，正在那里拼命踏水。丰子恺坐船在其间行进，好像阅兵式里的将军。如果从空中望下来，这一段运河大约像一条蜈蚣，数百只脚都在那里动。他不禁发出惊叹："这是天地间的一种伟观，这是人与自然的剧战。"

船主人说，前天有人数过，两岸的水车共计七百五十六架。连日大晴大热，今天水车架数恐又增加了。

听闻此语，丰子恺默然。眼前，火一般的太阳赫赫地照着，猛烈地吸收地面上所有的水；浅浅的河水懒洋洋地躺着，被太阳越晒越浅。两岸千百个踏水的人，尽力地使用两腿的力量，在那里同太阳争夺这一些水。太阳升得越高，他们踏得越快，"洛洛洛洛……"响个不绝。后来，声音终于戛然停止，人们都疲乏地休息了。然而太阳似乎并不疲倦，不需休息，在静肃的时候，炎威更加猛烈了。

船主人又说，水车的架数还不止这一些，运河的里面还有不少呢。这大热大旱天已持续两三个月了，田里、浜里、小河里，都已干涸见底，只有这条运河里还有些水。只好在运河边上架水车，把水从运河踏到小河里；再在小河边上架水车，把水从小河里踏到浜里；再在浜上架水车，把水从浜里踏进田里。所以运河两岸的里面，还藏着不少水车。丰子恺分明觉得这点水仿佛某种公款，经过许多人之手，送到国库时已所剩无几了。又好比某种公文，由上司行到下司，费时很久，费力很多。

因为河水很浅，水车必须竖得很直，方才汲得着水。丰子恺坐在船中目测那些水车与水平面所成的角度，都在四十五度以上；河岸特别高的地方，竟达五六十度。不曾踏过或见过水车的读者，也可想象：这角度越大，水爬上来时所经的斜面越陡峭，即水的分量越重，踏时所费的力量越多。这水仿佛是从井里吊起来似的。所以踏这等水车，每架起码三个人，而且一个车水口上所设水车不止一架。因此，村里所有的人家，除老弱以外，大家都须得出来踏水。有的水车上，连妇人、老太婆、十一二岁的小孩子都在帮工。这显然是人与自然的一场抗争。不抗争而活是羞耻的，不抗争而死是怯弱的；抗争而活是光荣的，抗争而死也是甘心的。这个道理，农人嘴上虽然不说，肚里却很明白。

"噔，噔，噔!"锣声响处，大家一齐戛然停止。有的到树荫处坐着喘息；有的向桑树枝头上取下篮子来吃点东西，篮子里装的是蚕豆，他们破晓吃了粥，带了一篮蚕豆出来踏水，饥时以蚕豆充饥，一直踏到夜半方始回去睡觉。只有少数的"富有"之家的篮子里，盛着冷饭。"噔，噔，噔!"锣声响处，大家又爬上水车，"洛洛洛洛"地踏起来。无数赤裸裸的肉腿并排着，和着一致的拍子而交互动作，演成一种带模样。

如此震撼人心的一幕，如此悲壮无助的光景！丰子恺内心波澜起伏，无法平静。他坐在船里，心情由不快变成惊奇，由惊奇而又变成一种不快。之前是因为当天的旅行太辛苦而不快，现在则是因为自己的旅行太舒服而不快。这种不快一直堆积在他的心里，直到舍船登岸，坐进火车里的时候，方才渐渐解除。但那活动的肉腿的长长的带模样，却深深地印在他的脑际，一直挥之不去。

丰子恺由此而联想到："住在都会的繁华世界里的人最容易想象，他们这几天晚上不是常在舞场里、银幕上看见舞女的肉腿的活动的带模样么？踏水的农人的肉腿的带模样正和这相似，不过线条较硬些，色彩较黑些。近来农人踏水每天到夜半方休。舞场里、银幕上的肉腿忙着活动的时候，正是运河岸上的肉腿忙着活动的时候。"

又是一个晴热的天气，丰子恺专程送一群孩子从石门湾到杭州来投考。本来他是以送考的名义，到杭州去换换环境，颇有闲心情的。但一路上见到乡间旱象还在持续，这让他的心情闲适不起来。运河两岸，水车同体操队伍一般排列着，咿呀之声不绝于耳。丰子恺在船舱中听了这种声音，看了这般情景，只觉震撼人心。等到孩子们考试结束，准备回乡去取行李的时候，杭嘉湖地区的旱灾比丰子恺他们来时更严重了，归乡水路不通，下火车后，须得步行三十里。丰子恺无力行路，被旱灾阻留在杭州。他住在西湖边的招贤寺，写下了《肉腿》《送考》等文章，记录下了1934年夏那一场罕见的旱灾，让我们至今仍可以知道，发生在八十多年前的历历往事。

丰子恺虽然只是一介书生，但当他看到这样严重的灾情时，也感同身受，心里无法平静。当时，石门镇上通市桥茧行办起施粥厂，每日排队领粥者有数百人，警察手执皮鞭维持秩序。丰子恺为此作漫画《未吃粥，先吃鞭》来讽刺当时政府的所谓"救济"。他站在百姓一边，为民请命，为大众立言。

大旱望云霓。当杭嘉湖的灾民们盼望老天爷赐恩下雨的时候，丰子恺也没有闲着，他和农人们一样在祈祷，他为大旱盼云霓的农人们画了一幅题为《云霓》的画。自大旱以后，他的画笔更着眼于民间，一连画了六十多幅关于民间生活的漫画。后结集成册，1935年4月由上海天马书店出版，画册即名《云霓》。

丰子恺在《云霓》的序言中再一次记述了那年发生的旱情。"两个月不下雨。太阳每天晒十五小时。寒暑表中的水银每天爬到百度以上。河底处处朝天。池塘成为洼地。野草变作黄色而矗立在灰白色的干土中。大热的苦闷和大旱的恐慌充塞了人间。"人们眼巴巴地盼望下雨，天天仰望着天。他们之所以还未绝望，是因为十余日来东南角上天天挂着几朵云霓，它们忽浮忽沉，向人们显示种种欲雨的迹象，维持着人们的一线希望。而最后，那些云霓终于隐伏在地平线下，人们还是空欢喜了一场，依旧回到大热的闷天和大旱的恐慌中。每天这样让人空欢喜一场。原来这些云霓只是挂着让人看看，空空地给人安慰和勉励而已。后来人们都看穿了，任它们在天空飘游，只管低头和热与旱奋斗……

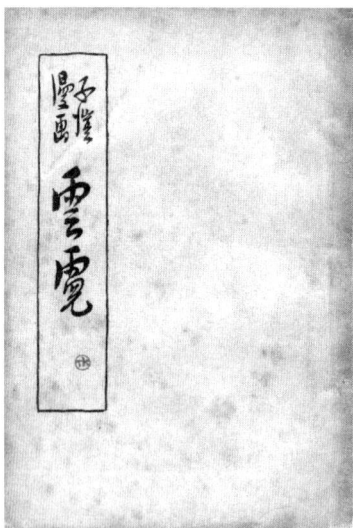
丰子恺漫画集《云霓》

后来，天终于下雨了，但

已无补于事，大荒年来了。农人吃着糠粞，工人闲着工具，商人守着空柜，都在等候蚕熟和麦熟，不再回忆过去的旧事了。但丰子恺却还在忧虑着，他觉得："现代的民间，始终充塞着大热似的苦闷和大旱似的恐慌，而且也有几朵'云霓'始终挂在我们的眼前，时时用美好的形态来安慰我们，勉励我们，维持我们生活前途的一线希望，与去年夏天的状况无异。"因此，他将画集《云霓》出版，希望能缓解大旱时代人们的一点渴望。他用笔书写着历史，书写着天地人之间博弈共存的深刻命题。

丰子恺1934年夏的杭州之行，实在很不寻常。

乐做杭州"寓公"

时间过得真快，像做梦一般。当年，丰子恺在母亲的目送下，去杭州投考中学。转眼，他的儿女也忽地长大，一晃小学毕业，也要去杭州投考中学了。

1934年9月的一天，丰子恺带着一群孩子去杭州投考初级中学，之后便客居杭州，先借住在西湖边的招贤寺，后专门租房子在杭州做起了"寓公"。

这年早秋，丰子恺不待缘缘堂前手植的牵牛花开花，就暂且抛下了它们，送一群孩子到杭州投考。这一群小学毕业生中，有他的长女陈宝、次女林先等，还有亲戚朋友家的儿女。送考的还有好几个人，如孩子们的父母、亲戚或先生。对于丰子恺来说，名为送考，其实没有什么重要责任，一切都有别人指挥。因此，他此行颇有闲适心情，观赏沿途风景，就如一次创作之前的体验生活。不承想，那一份闲情被沿途所见打乱。那一年，杭嘉湖地区旱灾严重，丰子恺他们坐船出门，亲眼见到乡间旱象，深受震撼。

孩子们考试结束后，丰子恺原打算带孩子先回乡下，但因旱灾比来时更严重，归乡水路不通，便被阻留在杭州了。他叫孩子们也不必回家，托人带信去叫家里人把行李送来。行李送来时，他还得知了关于他手植的牵牛花的消息：据说因为天气奇旱，那牵牛花至今尚未开花。

丰子恺和孩子们借住在西湖边的招贤寺。招贤寺是千年古刹，始建于唐，五代后晋年间由吴越王钱弘俶加以改建，后又几经毁弃与重修。招贤寺背负葛岭，隔湖遥对孤山，景色秀丽，环境幽静，适合孩子们安心学习，也适合丰子恺静心创作。这一时期，他在招贤寺写下了《肉腿》《送考》等文。

孩子们都考上学校之后，丰子恺便开始着手在杭州租屋，做长期寓居杭州的打算。他想着，春秋佳日住在杭州，孩子们周末有家可归，还可一起游西湖。等到寒暑假了，便和孩子们一同回石门缘缘堂，岂不妙哉！

就这样，孩子们在杭州上学之后，丰子恺顺水推舟地在杭州做起了"寓公"。他在杭州的寓所先后有三处：先住皇亲巷6号，后迁至马市街156号，最后迁至田家园3号。

1934年，丰子恺租下了皇亲巷6号的住宅。这是一座中式别院，有池塘假山，景色秀丽。丰子恺租下后，从1934年到1936年，在此住了两年多。花园里曾经有过孩子们快乐的嬉笑声。丰

盛年不重来 一日难再晨
及时当勉励 岁月不待人
一吟十二岁画象

卅年七月拾遗恖

丰子恺为幼女丰一吟十二岁时所作的画像

子恺亲自为孩子们拍过一张珍贵的照片，是五个孩子在该寓所的花园假山上的合影，站在最高处的那个小姑娘便是其小女儿丰一吟，她是趁暑假到杭州寓所来玩的。

1936年7月，丰子恺从皇亲巷6号迁至马市街156号，大概住了三个月；同年10月，迁居田家园3号，直至1937年八一三事变后离开杭州。在美丽的西子湖畔，他度过了几年的闲居生活，春秋居杭州，冬夏居缘缘堂，时常与西湖为伴，会友、游湖、写生、作文，度过了一段快乐悠闲的好时光。

借伴读之名，做杭州"寓公"，这恐怕是只有丰子恺才会做的事。在旁人看来，不在杭州设法赚钱，偏偏花钱做"寓公"，真划不来。但丰子恺认为，钱是身外之物，够花就行。古人云："不为无益之事，何以遣有涯之生？"丰子恺认为这个"益"就是利。他说："吾生也有涯，而利也无涯，以有涯遣无涯，殆已！已而为利者，殆而已矣！所以要遣有涯之生，须为无利之事。杭州之所以能给我优美的印象者，就为了我对它无利害关系，所见的常是它的艺术方面的缘故。"

丰子恺愿意住在杭州，是因为杭州是美的，可以领略西湖的美，从中获得艺术的灵感，杭州是最适合谈艺术的地方，这就够了，何乐而不为呢？

闲居时期，丰子恺往返于杭州、上海和石门湾之间。他的文艺思想日趋成熟，迎来了艺术创作的高峰期，创作了大量散文小

丰子恺漫画《艺术教育的大教室》

品、文艺论著和漫画，发表于《文学季刊》《新中华》《东方杂志》《中学生》《申报月刊》《太白》《人间世》《教育杂志》《文学》等许多刊物上。

杭州的湖光山色，为丰子恺的艺术创作平添无限趣味，大大激发了他的灵感；同时，他的作品也为杭州锦上添花。这一时期，丰子恺有许多关于杭州、西湖的散文随笔和漫画佳作面世，有一幅题为《艺术教育的大教室》的漫画，巧妙地告诉我们：杭州是一个真正的艺术教育的天堂，眼前的湖光山色，就是最好的艺术课堂。

由此，丰子恺乐做杭州"寓公"，视杭州为他的第二故乡。

1936年10月，丰子恺在杭州田家园的寓所

1947年，丰子恺在招贤寺

读你，西湖

古人云："文章是案头之山水，山水是地上之文章。"大概是因为画画、作文的关系，丰子恺爱旅行，爱读自然山水这篇大文章。而杭州西湖，在他眼里可以说是一本百读不厌的好书。自从在杭州租了房子，他与西湖的关系更亲近了，朝夕相对，相看两不厌。西湖四季，他都一一领略，并时常写文章、画画来赞美，同时也对西湖之美中不足提出批评。这里选取几个小片段，从中可见丰子恺阅读西湖的诸般感受。

努力惜春光

1935年春的一天傍晚，丰子恺漫步西湖边，看到了湖岸杨柳随风飘荡，很是美好，一时兴起作了《杨柳》一文，文中写道：

假如我现在要赞美一种植物，我仍是要赞美杨柳。但这与前缘无关，只是我这几天的所感，一时兴到，随便谈谈……为的是昨日天气佳，埋头写作到傍晚，不免走到西湖边的长椅子里去坐了一番。看见湖岸的杨柳树上，好像挂着几万串嫩绿的珠子，在温暖的春风中飘来飘去，飘出许多弯度微微的S线来，觉得这一种植物实在美丽可爱，非赞它一下不可。

丰子恺因看见西湖边的杨柳而由衷地发出赞美，他认为杨柳的美与牡丹不同，与别的一切花木都不同。花木大都是向上发展的，红杏能长到"出墙"，古木能长到"参天"。向上原是好的，但这些枝叶花果蒸蒸日上，似乎忘记了下面的根，这让人觉得可恶！甚至下面的根已经被斫，而上面的花叶还是欣欣向荣，在那里作最后一刻的威福，真是可恶而又可怜！

而杨柳没有这般可恶可怜的样子：它不是不会向上生长。它长得很快，而且很高；但是越长得高，越垂得低。千万条陌头细柳，条条不忘记根本，常常俯首顾着下面，时时借了春风之力而向泥土中的根本拜舞，或者和它亲吻。好像一群活泼的孩子环绕着他们的慈母而游戏，而时时依傍到慈母的身旁去，或者扑进慈母的怀里去，使人见了觉得非常可爱。

自古以来，诗文中写到春天，常以杨柳作为一种主要题材。写春景曰"万树垂杨"，写春色曰"陌头杨柳"，或竟称春天为

"柳条春"。丰子恺认为,这不仅因为杨柳当春抽条,也因为杨柳树有一种特殊的姿态,与和平美丽的春光十分调和。这种特殊的姿态便是"下垂"。不然,当春发芽的树木不知凡几,何以专让柳条做春的主人呢?只为别的树木都凭借春的力而拼命向上,一味求高,忘记自己的根本,其贪婪之相不合于春的精神。最能象征春的神意的,只有垂柳。

没多久,丰子恺又行至西湖边,忽见几天前垂条的杨柳,早已婆娑委地,杨花也开始飘荡,春光将尽。他又即兴而发,作《惜春》(刊载于 1935 年 4 月 8 日的《中学生》杂志上)一文,感叹时光过得快,激励青年朋友,"努力惜春光"。

赤栏桥外柳千条

又一个风和日丽的下午,丰子恺独自在西湖边徘徊。暂时忘记了时间,忘记了地点,甚至忘记了自身,放眼观看眼前的春色,但见绿柳千条,映着红桥一带,好一片动人的光景!他不禁想,古诗描写的"赤栏桥外柳千条"之春景,不正是眼前的实景吗?此情此景,让丰子恺几乎忘记了"凶恶的时代消息弥漫在世界的各处,国难的纪念碑矗立在西湖的彼岸,也许还有人类的罪恶充塞在赤栏桥畔的汽车里,柳阴深处的楼台中"。这样一想,世间有什么值得叹赏的呢?

丰子恺认为,从前的雅人欢喜管领湖山,常自称为"西湖长""西湖主"。做了长,做了主,哪里还看得见美景?他们恐怕还不

丰子恺漫画《杨柳岸晓风残月》

如像自己这样的西湖游客，能够忘怀一切，看见湖上的画意诗情呢！

"赤栏桥外柳千条"之美，又把艺术家丰子恺的思绪拉到艺术问题上去。他想：红配着绿，何以能使人感到美满？色彩都有象征力，能作用于人心。人的实际生活中，处处用着色彩的象征力。他联系实际，对此做了一番美学理论与实际的解读。他认为，从根本上想，大概人类对于红色的象征力的认识，始于火和血。红是生动的象征，绿则象征和平、安静。红和绿并列使人感到美观，既生动又安静，原是最理想的人生。自古以来，太平盛世的人，心中都融合着这两种感情。

这样一路观赏，一路想着，丰子恺忘了时世的忧患，彷徨于西湖之滨，也特别地欢喜"赤栏桥外柳千条"的色彩，因此暂时体验了人们观赏风景时的幸福心情。

最后，丰子恺又感叹："可惜这千条杨柳不久就要摇落变衰。只恐将来春归夏尽，秋气萧杀，和平的绿色尽归乌有，单让赤栏桥的含有危险性的色彩独占了自然界，而在灰色的环境中猖獗起来。然而到那时候，西湖上将不复有人来欣赏景色，我也不会再在这里彷徨了。"

春水船如天上坐

一个星期六的下午，丰子恺带了学生鲍慧和及两个女儿阿宝和软软，四个人坐船游西湖。这天风和日暖，西湖边景色宜人，又是周末，人意安闲，人生难得几度欢。丰子恺一行坐在船里，一路谈笑，唱歌，吃花生米，弄桨，不觉船已到了湖中心。但见一条狭长的黑带远远地围绕四周，上下四方都是碧蓝的天，和映着碧天的水，此情此景正如古诗所云"春水船如天上坐"的美好意境。除了丰子恺一行四人和船家，周边都是纯粹的自然风光，不闻人声，不见人影，仅由一船五人构成一个单纯而和平、寂寥而清闲的小世界。

丰子恺的心思飘到很远，一会儿想到天上忽起狂风，水中忽涌巨浪，或者船家是《水浒传》里的三阮之流；一会儿又抽回遐想，与同坐的青年学生闲谈对远景的看法以及云的曲线的画法。看景、谈画、遐想，西湖在丰子恺的眼里，尽是一幅色彩斑斓的画了。

乐以教和

1935年秋的一天，丰子恺同两个女儿到西湖边的山中游玩，忽然下雨，他们仓皇奔走。看见前方有一座小庙，庙门口有三家村，其中一户人家是开小茶店而带卖香烟的，他们便进去避雨。

茶店虽小，茶也要一角钱一壶。茶越冲越淡，雨越落越大。最初因游山遇雨，觉得扫兴；这时候山中阻雨的一种寂寥而深沉的趣味，牵出了丰子恺的兴味来，自然地体会到了"山色空濛雨亦奇"的境界，反觉得比晴天游山趣味更好。然而，两个女孩子不解这种趣味，她们坐在小茶店里躲雨，只觉得烦心，怨天尤人，苦闷万状。

茶博士坐在门口拉胡琴。除雨声外,这是当时所能听到的唯一的声音。他拉的是《梅花三弄》,虽然声音摸得不大准确,拍子还拉得不错。也许是因为顾客稀少,他坐在门口拉胡琴来作广告。可惜他拉了一会儿就罢,山中便越发静寂。

为了安慰两个女儿,丰子恺就去向茶博士借胡琴。她们很欢喜,又似乎不敢相信,问父亲:"你会拉的?你会拉的?"

丰子恺就拉给她们看,手法虽生疏了,音阶还摸得准。因为他小时候曾经请邻近的柴主人阿庆教过《梅花三弄》,又请对面弄里一个裁缝司务大汉教过胡琴上的工尺。在山中小茶店里的雨窗下,丰子恺用胡琴从容地拉了种种小曲。两个女儿和着唱歌,好像是西湖上卖唱的,引得三家村里的人都来看。一个女儿唱着《渔光曲》,丰子恺用胡琴去和她,三家村里的青年们也齐唱起来,一时把这苦雨荒山闹得十分温暖。

丰子恺不禁感慨,自己曾经吃过七八年音乐教师的饭,曾经用钢琴伴奏过混声四部合唱,但是有生以来,没有品尝过今天这般的音乐的趣味。

回程路上,丰子恺回味刚才的经验,觉得胡琴这种乐器很有意思。钢琴笨重如棺材,小提琴要数十百元一具,制造虽精,世间有几人能够享用呢?胡琴只要两三角钱一把,虽然音域没有小提琴那么广,也尽够演奏寻常小曲。虽然音色没有小提琴那么优美,装配得法,其发音也还可听。这种乐器在我国民间很流行,剃头店里有之,裁缝店里有之,江北船上有之,三家村里有之。

倘能多造几支简易而高尚的胡琴曲，使其能像《渔光曲》一般流行于民间，其艺术陶冶的效果，恐比学校里的音乐课广大得多呢。

古语云："乐以教和。"做了多年音乐教师的丰子恺没有证实过这句话，不料这天在这三家村中证实了。回到寓中，他很是感慨，随即作《民众乐器》一文，记述了与两个女儿在西湖边的山中游玩时遇雨，又与当地村民同唱《渔光曲》的这段难忘经历，在收入《缘缘堂再笔》时，此文改名为《山中避雨》。

西湖船

丰子恺在西湖边待得久了，看得多了，对西湖的感情深了，看西湖的眼光自然也更独特、更敏感。1936年2月，他曾作了一篇《西湖船》，专门写西湖船的变迁。他说，二十年来，西湖船的形式变了四次。他小时在杭州读书，曾经傍着西湖住过五年。毕业后供职上海，春秋佳日也常来游。后来蛰居家乡石门湾，离杭州很近，更常到杭州小住，再后来干脆住在杭州。他亲眼看见西湖船的变迁，愈变愈坏。

二十年前，西湖船的座位是一条藤穿的长方形木框，背后同样是一条藤穿的长方形木框做靠背。木框上的藤，穿成冰梅花纹样，每一个小孔都通风，一望而知为软软的坐垫和靠背，因此坐上去很舒服。质地、颜色与船很调和，船价也便宜。当时，每逢周日，出三四毛钱雇一只船，载着两三个同学，数册书，一壶茶，几包花生米，几个馒头，便可悠游湖中，尽一日之长。尤其那摇船人,一面打桨,一面还有心与游客闲谈自己的家庭、西湖的掌故,以及种种的笑话,样子很写意。坐船的人更加写意。回想起来,这些尽可以吟诗入画,令丰子恺无限怀念。

他从浙一师毕业离杭后,某年春,又到杭州游西湖,忽然发现许多船变了形式。藤穿木框被撤去,全换成了长的藤椅子。坐上去固然比以前舒服了,但形式上比以前的不协调,而且船家因增添设备耗费大,同业竞争又厉害,不时向游客诉苦,希望多给船钱,使游客的心情变坏。

其后某年春,丰子恺再一次到杭州游西湖,忽见船里的座位又变了,此前的藤椅撤去,换了躺藤椅,目的是想让游客更舒服。但是,这样的躺椅也有缺点,西湖船载了仰天躺着的人而来,初见会被当作是载来的病人,与西湖十分不协调。

再后来的某年春,丰子恺游西湖,又见藤椅换成了沙发,看起来很奢华,而摇船人的穿着却跟叫花子一般褴褛,实在很不调和,又可悲。这样的西湖船,点缀在西湖的骀荡春光之下,明山秀水之中,更觉得可悲。

丰子恺从西湖船一次又一次的变化中,表达了对西湖、对大众的关爱,至深至切。跟随他的叙述,一同阅读西湖,读者也会感同身受。

杭州西湖的诗意美学,在艺术家丰子恺的笔下挥洒自如,汩汩流泻。从以上一个个阅读西湖的片段,可以看出他艺术创作的视野更开阔了,其艺术观也更加成熟了。王西彦评价丰子恺艺术创作的两重性："一个是出世的、超然物外的、对人间持静观态度的；另一个是入世的、积极的、有强烈爱憎感情的。"以出世的心态来书写入世的人间相、社会相，那是丰子恺艺术创作的独特魅力。

1962年，丰子恺在西湖船中

写不尽人间相

自1933年石门湾缘缘堂落成，到1937年抗日战争全面爆发后逃离故乡，这五年，是丰子恺艺术创作的黄金时期。从1934年9月开始，丰子恺春秋客寓杭州，冬夏回故乡石门湾，往来于石门湾和杭州之间。他辞职赋闲，蜗居在缘缘堂与杭州寓所之内，专事著述，创作了大量的漫画、散文小品和文艺论著，先后出版漫画集、随笔集和文艺论集二十余部。这五年的笔耕生涯，是《缘缘堂随笔》的主创期，也是他与杭州亲密接触的热恋期。这段时间，他创作了许多关于杭州、关于西湖的文章与漫画，而他在杭州写的作品，更是不计其数。

1933年春，石门湾缘缘堂落成，丰子恺全家迁居缘缘堂。从此，一家人终于有了一个安居之所，他也有了一个静心创作的良好环境。

缘缘堂位于木场桥梅纱弄8号惇德堂后。缘缘堂由丰子恺亲自设计建造，共耗资六千元，他在缘缘堂门额的匾上自书"欣及旧栖"四个字，堂里的布置典雅朴素，庄重大气，俨然一个清凉的艺术世界。这既是轩敞、明亮的理想居所，也是他生活态度和艺术态度的象征。

1933年4月，丰子恺的好友、上海立达学园的创始人之一匡互生去世，丰子恺也不再过问立达学园的校务，一心在家从事文艺创作，先后为《东方杂志》《新中华》《现代》《前途》《文学》等刊物撰稿。1934年1月，他还被聘为《文学季刊》的特约撰稿人。

这一年，丰子恺创作了许多散文小品。如：《旧地重游》，描述了他在1933年重游嘉兴时的心情。《作父亲》，讨论了当父亲的如何教导孩子的问题，发人深省。《标题音乐》，记述了女儿丰一吟的一段童年趣事。《忆弟》，记述了其少年时代与三姐丰满、大弟慧珠跟着母亲住在染坊里的趣事。《取名》，记述了自己的子女出生时的取名过程。《爱子之心》，讲述了江浙一带父母给宠儿或独子取"贱名"风俗的由来。《劳者自歌——随感十二则》表达了他对生活中的一些现象的认识和看法。《五月》和《五月预想》，表达了他对春意盎然的五月的向往与留恋。《热天写稿》，记述了热天写作的苦楚和不适意。

在《新年的快乐》一文中，丰子恺说："新年是一年中最快乐的时间，应该说些快乐的话。但想来想去，也只是由时间划分而来的这一点，此外没别的快乐可说，在这国难民穷的时候。"在

丰子恺漫画之一，上题："阿兜有一条长板，放在石头上，就是跷跷板。阿兜坐一头，恩哥、佩贞共坐一头。'高一高，低一低！'"

《素食以后》一文中，他写出了自己素食的原因。在《作客者言》中，他记述了作客者受到主人"异常优礼"的种种烦琐招待，反映了社会中普遍存在的所谓礼节给人带来的麻烦与苦恼。他还根据一位读者提供的素材，画了漫画《穷小孩的跷跷板》并作文。在《故乡》一文中，他对都市社会的生活方式提出质疑："农业时代的生活不可复现。然而大家背井离乡，拥挤到都会里去，又岂是合理的生活？"在《随园诗话》一文中，他记述自己利用睡前或出门旅行的空闲时间阅读该书的心得与感受。

尤其是《吃瓜子》一文，批判了中国人用吃瓜子来消磨时间和生命的不进取行为，妙趣横生，令人百读不厌。另外，他还有《蝌蚪》《疤》《闲》等作品发表在《人间世》上。《疤》先是改名为《黄金时代》，最后改名为《梦痕》，记述了他童年时代的美好回忆，也是其散文名篇之一。这一时期他的代表作还有《送阿宝出黄金时代》《车厢社会》等。

另外，还有坐船沿运河外出写生的一组随笔与漫画，如《看灯——船室随笔之一》《鼓乐——船室随笔之一》《三娘娘——船室随笔之一》《野外理发处》等，这些轻松悠闲又不失生活哲理的随笔，读来让人感觉亲切自然、朴实无华。

这段时间，丰子恺写的关于绘画方面的文章有《绘画与文学》《中国画的远近法》《学画回忆》《儿童画》等。他还为《论语》杂志作《谈画史》，为《人间世》作《文言画》《谈自己的画》，为《前途》作《将来的绘画》，为《中学生》作《画友——对一个青年习画者的谈话》《漫画艺术的欣赏》，为《太白》作《我的画具》，为《文学》作《读画漫感》，等等。

这一时期，他出版的专著有《子恺小品集》《绘画与文学》《艺术趣味》《随感二十篇》《近代艺术纲要》《开明图画讲义》《开明音乐讲义》《艺术丛话》《车厢社会》《云霓》《艺术漫谈》《西洋建筑讲话》等，画集有《人间相》《都市相》《都会之音》等。另外，他还写了一些音乐方面的文章及专著。

他专门写到杭州的文章则有《读书》《肉腿》《送考》《钱江看潮记》《市街形式》《惜春》《山中避雨》《西湖船》《杨柳》《放生》《赤栏桥外柳千条》《家》等。

《读书》（后改名为《独游西湖》），1933年9月作于杭州，记述了丰子恺到杭州看病之余，到西湖独游，由此看到了西湖上各种各样的题字，有感而发。丰子恺评价艺术品，不崇拜权贵名流，而是尊重平凡纯朴之作。他认为，西湖上"到此一游"之类的题字，"有的似出于天真烂漫的儿童之手，有的似出于略识之无的工人之手"，而其美术价值比勒石的御笔和金碧辉煌的名人手迹"高贵得多"。

《肉腿》，1934年8月作于杭州招贤寺，记录了1934年夏天，丰子恺送孩子们到杭州投考路上的所见所闻，描述了大旱之年运河两岸集结了无数的水车和踏水车的男女老幼，拼命戽水抗旱救灾的艰辛场面，反映了民众的疾苦。作者将踏水车农民的肉腿与舞场、银幕上的舞女们的肉腿做对照，既是对农人的同情，又是对有闲阶级的讽喻，发人深省。

《送考》，1934年9月作于杭州招贤寺，亦描述了他送孩子们到杭州来投考的情形。

在杭州寓居时，丰子恺除了去钱江看潮外，还游过莫干山，回来后分别写成《钱江看潮记》和《半篇莫干山游记》。《钱江看潮记》，1934年秋作于杭州，记述了他去钱塘江看潮的感受，"原来我们都是被'八月十八'这空名所召集的……败兴而归。"《半篇莫干山游记》，写的是1935年4月的一天，丰子恺的朋友谢颂羔来杭州，并约了他一同到莫干山去拜访李圆净先生，途中因车子故障，在近两个小时中，演出了各种各样的人间剧，比真正游莫干山还要精彩有趣。丰子恺用他观察世相百态的妙笔，淋漓尽致地将人间相写了出来。细读这两篇文章，发现有一个共同点，即通篇都是看人、看社会，是对现实的思考，对人性的解读，这也正是丰子恺一贯的创作风格。丰子恺在《版画与儿童画》一文里指出："文艺之事，无论绘画，无论文学，无论音乐，都要与生活相关联，都要是生活的反映，都要具有艺术的形式，表现的技巧，与最重要的思想感情。"艺术形式、表现技巧和思想感情，三者俱全，这是丰子恺的文艺观。

《市街形式》，1934年12月作于杭州，丰子恺在文中对比了在上海与杭州两地生活的不同感受。他觉得上海的现代建筑使人感到压迫，而杭州则让他感到舒服平和。因此，他"在上海劳作了半个月，一旦工作告一小段落，偷闲乘通车到杭州来抽一口气……感到十分的快适"。

《放生》，1935年3月作于杭州，记述了丰子恺与一群人乘船游西湖时放生一条自投罗网的大鱼的经过，反映了他的护生思想。

《杨柳》，1935年3月作于杭州，丰子恺记述了自己与杨柳之间的因缘以及喜爱杨柳的原因。杨柳高而能下，高而不忘本，真正可代表春，赞扬了杨柳的高贵品质。

《惜春》，1935年4月作于杭州。丰子恺在西湖边看到早春嫩柳忽地柳絮飘荡，春也深了，由此联想到自己，"此生中的青年已经过去，无法挽回，只有借了惜春的题目，在这里痛惜一下算了。假如这些话能给正在青年期的读者们一些警励，那便似以前在假期中看完了几部小说，好像得了一笔意外的收入，格外愉快"。

《山中避雨》，原名《民众乐器》，1935年8月作于杭州，记述了丰子恺同两个女儿在西湖边的山中游玩时遇雨，在一个小山村里避雨，与当地村民同唱《渔光曲》的有趣经历。

《西湖船》，1936 年作于杭州，丰子恺在文中痛惜二十年来西湖船的形式变了四次，愈变愈坏。"变坏的主要原因，是游客的座位愈变愈舒服，愈变愈奢华，而船身愈变愈旧，摇船人的脸孔愈变愈憔悴，摇船人的衣服愈变愈褴褛。"

《赤栏桥外柳千条》（后改名为《红与绿》），1936 年 4 月作于杭州，描述西湖旁边的红花绿叶、蓝天碧水等美丽景色，歌颂大自然给予人的种种审美的愉悦和深深的思考。

在杭州生活期间，丰子恺还写了大量关于绘画、音乐等方面的艺术论著。如在杭州写作的《我与手头字》，记述了他与手头字的因缘，反映了他的艺术主张：艺术必须现实化，必须与现实生活密切联系起来。所以"美术是为人生的。人生走到哪里，美术跟到哪里"。如《谈自己的画》，记述了他创作漫画的感受和心得，反映了他对人生问题的探讨。他说："欢喜读与人生根本问题有关的书，欢喜谈与人生根本问题有关的话，可说是我的一种习性。我从小不欢喜科学而欢喜文艺。为的是我所见的科学书，所谈的大都是科学的枝末问题，离人生根本很远；而我所见的文艺书……处处含有接触人生根本而耐人回味的字句。"

杭州、西湖，给了丰子恺以灵感和写作的激情。他在杭州的生活轻松随意，就如他写的随笔小品，真实地记录了他在杭州的生活与感受，也写出了他对生活、对人生的态度。虽然他的作品描述的都是琐碎的生活，但表现出了无边的大爱。

写到这里，我们不得不赞叹丰子恺先生的勤奋与多产。他在杭州生活期间，表面上是闲居，实际上，他一刻也不曾停止过创作，真正是闲居不闲。他自己也说，这些文章，"这些密密地排印着的铅字，一个个都是从我的右腕上一笔一笔地写出来的"。

1937年春，丰子恺在杭州作有"西湖十二景"，共十二幅图，由好友谢颂羔将画题译成英文，由学生张心逸付印。可惜，付印后，抗战全面爆发，许多画作毁于战火。这十二幅画目前只留存七幅，分别是《一月西湖寒，对景忆国难》《二月西湖冰，湖畔多苦辛》《四月西湖春，垂柳惹行人》《五月西湖绿，山山杜鹃哭》《七月西湖浓，莲脸杂花红》《十一月西湖静，凭栏忆故人》《十二月西湖雪，回首空陈迹》。从这些题目可以看出，丰子恺笔下的西

丰子恺漫画集《人间相》

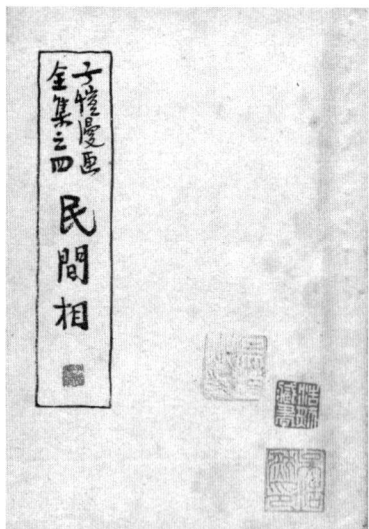

丰子恺漫画集《民间相》

湖，是当时人民苦难生活的写照。

1937年8月2日，丰子恺在杭州的寓所作《不惑之礼——自传之一章》，载《宇宙风》。这是他在客寓杭州时期最后的作品之一。八一三事变爆发，日本进攻上海，杭州也遭空袭。丰子恺把杭州的书籍、器具等运回石门，关闭杭州寓所。此后，他一路逃难，辗转大半个中国，前后近十年，直到抗战胜利后才又回到杭州。

第四章

逃离　河山只在我梦萦

八一三事变爆发，日寇进攻上海，杭州也遭空袭。丰子恺离开杭州，暂避石门湾缘缘堂。没想到后来石门湾也吃了炸弹，全家仓皇逃到乡下，旋即逃离故乡，从杭州往桐庐，走上逃难路，之后辗转大半个中国，尝尽了战争带来的苦难。直到抗日战争结束，丰子恺才重回江南，重回杭州。这八九年间，杭州只在他的梦里了。

辞别缘缘堂　拱宸桥下抛画稿

1937年10月29日，正好是丰子恺四十岁生日。当时松江已经失守，嘉兴也已经被炸得不成样子。战事已步步紧逼。

离嘉兴不远的石门湾缘缘堂，家人依然在为丰子恺祝寿。糕桃寿面，陈列了两桌；远近亲朋，坐满了一堂。堂上红烛高烧，室内开设素筵，屋里一派热闹景象。

因为时局紧张，大家的话题都围绕着战争。宾客中有一人是从上海南站搭火车逃回来的。那人说，火车顶上坐满了人，火车还没有开，忽听得飞机声，火车突然开动，顶上的人纷纷坠下，有的坠在轨道旁，手脚被轮子轧断，惊呼号啕之声淹没了火车的开动声！还有一人怕乘火车，是由龙华走水道逃回来的。他说，上海南市已变成火海。

丰子恺的一个本家从嘉兴逃回来，他说有一次轰炸，他躲在东门的铁路桥下，看见一个妇人抱着一个婴孩，躲在墙脚边喂奶。忽然车站附近落下一个炸弹，弹片飞来，恰好把那妇人的头削去。在头被削去的一瞬间，这无头的妇人依旧抱着婴孩端坐着，仍未倒下，婴孩也依旧在吃奶。后来，丰子恺将这个凄惨的场景画成了漫画。

这是在缘缘堂的最后一次聚会。一个星期后，1937年11月6日，日寇的炸弹就炸到了石门湾，这个江南小镇不再宁静。

这天上午，丰子恺正在读蒋坚忍的《日本帝国主义侵略中国史》，打算编《漫画日本侵华史》。正午，日本轰炸机盘桓于石门湾上空。下午二时，日军突然轰炸石门湾，缘缘堂就这样成了敌机轰炸的目标。当天傍晚，丰子恺全家避乱于石门湾西南六里许的南圣浜乡下亲戚家。第二天上午，日军再次轰炸石门湾，一个原本欣欣向荣的小镇，就这样毁于火海。

在乡下提心吊胆地过了一个多星期后，11月15日夜里，丰子恺带着阿宝和染坊店店员章桂回缘缘堂取书。堂前的芭蕉孤危地矗立着，窗门紧闭，寂静无声。缺月从芭蕉间照着缘缘堂，一片凄凉之色。一只饿瘦了的黄狗躺在沙发椅子上；楼门边转出一只饿瘦了的老黑猫，它发出数声悠长而无力的叫声，依在阿宝脚边，不肯离去。

他们找了些冷饭残菜喂猫狗，然后开始取书。缘缘堂藏书约两万册，而此时，丰子恺根本无法悉数带走，只好把自己喜欢的、最近有用的、重价买来的书选出了两网篮，交给章桂，设法运到乡下。这是丰子恺与缘缘堂最后的告别。

当时，汉口、四川等地朋友来信，劝他携眷赴汉口或入川，但他仍犹疑观望，还抱着一丝侥幸与幻想，希望石门湾能逃过劫难。他心里实在是难舍故乡的一切。

邮局送来一封信，是马一浮从桐庐寄来的。马先生在信中说，他已由杭州迁往桐庐，住在迎熏坊13号。他询问石门湾近况如何，可否安居，并附诗一首《将避兵桐庐，留别杭州诸友》。诗是油印的，异常可爱。丰子恺看到这信和诗，心中暖流汹涌。他决定带家人去桐庐马先生处避难。之后，他也一直把这封信和油印的诗藏在身边。

1937年11月21日，丰子恺和妻子徐力民，姐姐丰满，七十多岁的岳母，子女陈宝、林先、宁馨、华瞻、元草、一吟，店员章桂，族弟平玉，还有表弟周丙潮一家，男女老少，一行十五人，离开南圣浜，半夜乘船启程赴桐庐，开始了逃难的漫漫长路。

为轻装简行，丰子恺身边只带了一只怀表，一只烟盒，一只烟嘴，一只钱袋，一只指南针，一方石章，以及一方边款刻着一篇细字（《般若波罗蜜多心经》）的牙章和鉴赏《心经》时用的一个放大镜。因为一时没有考虑到备足钱，路上还靠了子女们的零用钱救急，仓皇之状可想而知。

第二天夜半，船到杭州拱宸桥头。丰子恺一行人看形势紧张，前路又没有船可乘，决定翌日一早步行上路。

从拱宸桥到六和塔有十几公里，要步行，就必须再一次精简行李。丰子恺拣出三本英文原著、一本英文词典、一本英日词典，交给开船的人带回老家。又雇人用轿子抬着岳母，其余的人步行前进，向六和塔走去，再乘船转桐庐。

为避免日军搜查和不必要的麻烦，那天半夜，船里的人互相枕着就睡了。丰子恺却睡不着，他想起了包裹里还有一本《日本帝国主义侵略中国史》和之前在缘缘堂时根据此书而作的《漫画日本侵华史》草稿，怕这东西万一被敌人搜出会有危险，同船的人都会没命。于是，他摸黑从包裹中把那书和画稿拉了出来，借手电筒的光验明正身后，向船舷外抛出。那"咚"的一声，似乎一拳打在他的心上，令他疼痛不已。

丰子恺从来没有丢弃过自己的画稿。这些画稿都曾经他几番的考证、几番的构图、几番的推敲，凝聚着无数心血，如今尽付东流了！他心里默默祈求："但愿它顺流而东流到我的故乡，生根在缘缘堂畔的木场桥边，一部分化作无数鱼雷，驱逐一切妖魔；一部分开作无数自由花，重新妆点江南的佳丽。"这是他第一次抛弃自己心爱的画作，那种心痛，一直让他难以释怀。

后来，丰子恺到了桂林。他曾在1939年1月26日的《教师日记》中写到，陆联棠自桂林到两江，带来宋云彬致丰子恺的信，请他重作《漫画日本侵华史》，他答应重作。一想起在逃离缘缘堂时，自己曾将画成的数十幅草稿投在了运河中，他便很心痛。他在汉口时，又买到了《日本帝国主义侵略中国史》一书，很想重作漫画，但因事忙而未能实现。这回宋云彬提出此事，正合丰子恺的心意。但在那样的战乱时期，他想重绘《漫画日本侵华史》一事最终还是没有完成。

失去的便永远失去了。拱宸桥头抛画稿，这一抛，不但是画

稿，连红了樱桃、绿了芭蕉的缘缘堂，还有春秋佳日悠游其间的
杭州西湖，都要忍痛别离了。

丰子恺漫画《轰炸》

逃离杭州

　　这是一个深秋的早晨，杭州阴沉着脸，一点也看不见太平时候的可爱模样。丰子恺一行老小，行进在从拱宸桥去六和塔的路上。

　　对杭州，丰子恺是太熟悉了，但今天似乎有点不认识它了。眼前的杭州已非之前所惯常见的模样：从前繁华的街道，现在冷落无人；马路两旁的店铺都关上了门，使人误认为是正月初，但又没有正月初所特有的穿新衣裳拜年的人和酒旗戏鼓之类的东西。难得有几个本地人战战兢兢地走过，目光好奇；或者一队兵士匆匆开过，一脸严肃。

　　这样的杭州，让丰子恺感到陌生。

　　行了一程，西湖忽然在望，保俶塔的姿态依然玲珑，亭亭玉立于青山之上，投一个清晰的倒影在下面的大镜子中。这分明就是往日周末丰子恺携儿女们从功德林散步时所见的西湖，是陪着良朋登山临水时所见的西湖，是背着画箱探幽览胜时所见的西湖。如今在仓皇逃难中再见它，在颠沛流离中和它告别，丰子恺不敢抬头正面看它。他悄悄地摸出一块手帕来遮住了脸，偷偷地抹去许多伤感的热泪。

辞家以来，丰子恺从没有流过泪，这一天却哀而出涕，无所适从。西湖啊，如一个天真烂漫的婴儿，不理解环境的变迁，不识得人事的沧桑，依然作笑颜，使人仍觉可爱。但在这风雨满城浩劫将至的时候，这姿态越是可爱，越是令人伤心。

走到南山路，忽遇空袭警报，丰子恺一行人四散逃命。远远听见爆炸声，士兵说是日军要炸钱塘江大桥。幸而大家无恙，于下午二时许，会集于六和塔下的一家小茶馆里。坐在这小茶馆里的三小时，丰子恺永远不能忘却。在这里，他尝到了平生从未尝过的恐怖、焦灼、狼狈、屈辱的滋味。

小茶馆门口有一个卖油沸粽子的小摊。丰子恺一行又疲又饥，他们泡了几碗茶、吃了些油沸粽子就开始找船。先问了茶店老板，谁知这老板却趁火打劫，让老板娘扮作船家串通了骗人。老板的奸计被识破后，便对丰子恺一行下逐客令："我们要关门了！你们马路旁边坐吧！"

幸亏平玉和章桂来了，他们带了一个船户来，讲定了船开到桐庐共二十五元，然后便去通知家人上船。回到茶店付茶钱时，丰子恺看见老板脸上的凶相已经不见了，显出颓唐的颜色，大约对于刚才的不仁已经后悔了。他收茶钱时，丰子恺又瞥见他的棉袄也是褴褛的，想到他的不仁也是被贫困所迫，便深深地叹息：
"人世是一大苦海！我在这里不见诸恶，只见众苦！"

这时的杭州，使丰子恺感到无限悲哀。

当天下午五时，丰子恺一行正欲坐船逃出这可怕的杭州，原本找来背老太太的阿芳忽然又被兵士拉去挑担了。船停在江边等候时，一个军人忽然跳上船头来借船摆渡取物。等到兵士取物完毕，把船撑回岸边时，阿芳已被兵士放回。丰子恺一行连忙开船，等到可遥望六和塔的时候，他的心里才踏实了些。

夜深了，满船的人都已入睡，船上静悄悄的，唯有船老大在暗中撑着这一船疲倦的难民，向钱塘江上游进发。半夜里，丰子恺听见船老大与平玉在争执。船已经停下，原本讲好的二十五元到桐庐，船老大却反悔了，不高兴开船了。平玉低声下气说了许多好话，并答应船老大，一到桐庐就向亲戚朋友借钱，付他四十五元。船老大这才继续开船。

船到桐庐，已是次日晚上十点半。丰子恺一行去找旅馆，一连问了好几家都没有空房，计无所出，只得去迎熏坊投奔马一浮。当时已是晚上十一时，原不该惊扰马先生，然而这回只得惊扰他了。战火之中，丰子恺不得不越礼于内心所尊敬的人，过后思之常觉抱歉。

往日在杭州，丰子恺的寓所邻近马一浮家。然而他也不常去拜访马先生，去拜访时大都选择阴雨的天气，因恐晴天去会打断马先生的诗兴或游兴。丰子恺每次从马先生家中出来，似乎深吸了一次新鲜空气，可以持续数天的清醒与健康。数天之后，他又为环境中的污浊空气所困，萎靡不振起来。离开杭州后，便不曾再吸过这种新鲜空气。这一天半夜里，他却带着满身的火药气与血腥气而重上君子之堂，自觉非常唐突。丰子恺在灯光下又见到马先生，原本的忧愁、疑惑与恐惧，很快就被马先生慈祥、安定而严肃的神情所安抚。马一浮邀请这一船难民立刻上岸，到他家投宿。一船的男女老少，占据了他家的一楼及一厢。丰子恺一行在马一浮家打搅了四天，终于找到了新居。

桐庐负暄续前缘

　　丰子恺在杭州曾有过陋巷三访马一浮的难忘经历，而在这兵荒马乱中，又有缘追随马一浮，他有一种再续前缘的惊喜与感恩，这使他几乎忘记了此前一路上遭遇到的种种不快。

　　丰子恺一行在马一浮家住了四天，很快找到了新居。新居是马一浮的门人王星贤的学生童鑫森介绍的。童鑫森早先曾求过丰子恺的画，此时专程来访。其时，马一浮已决定迁居离城二十里的阳山畈汤庄，丰子恺意欲追随前往。童鑫森的朋友盛梅亭在阳山畈附近的河头上当校长。童介绍丰子恺去托他，果然在河头上找到了新居，是盛梅亭叔父家的三间楼屋。盛梅亭的叔父是乡长，热情好客，也不肯收租金。就这样，丰子恺一家就暂时在河头上安顿了下来。

　　1937年11月18日，丰子恺一家辞别马一浮，借乘马一浮运书的船，先行入乡。其时，桐庐山明水秀，一路风景极佳，但丰子恺情愿欣赏船头上的白布旗，因为旗上有"桐庐县政府封"六字，是马先生的亲笔。当时民间难雇船，这运书船是由县政府代雇来的。丰子恺珍爱马先生的字，曾经将马先生寄来的信封上的字照相缩小，制版刊印名片。这时他又很想偷了这面白布旗去珍藏起来，但终于没有鼓起勇气。

船到河头上，已是下午，盛乡长的房子三楼三底，很是宽敞，坚固且新，梁上的红纸儿还没褪色。这里毗邻的不过三四户人家，都是盛氏本家。四周处处有竹林掩护，竹林之外，是一片平畴，平畴尽处，是波澜起伏的群山。离住屋不到一里处有一大片竹林，遥望形似三潭印月，竹林中隐藏着精舍，便是汤庄，为马一浮的卜居之所。

这一刻，丰子恺很想在这里长住，谁知住了不过二十三天，又被炮火逼走了！但在这短短的二十三天里，他却结了不少的人缘。这里的邻居，淳朴好客，令他难忘。而最让他难忘的是，因为在桐庐避难而再得亲聆马先生的教诲。这段时间，丰子恺全家住在盛梅亭的叔父家，他常至阳山畈汤庄拜见马先生，聆听教诲，受益良多。丰子恺称这段时间为"桐庐负暄"。

丰子恺下乡后两天，马一浮也迁居到汤庄来了，王星贤及其家属一同迁来，和丰子恺相距不过一里。时局不定，为了互通消息及慰问，丰子恺每隔一两天便访汤庄，也不觉得是惊扰，反而是尽礼。马一浮亦亲切接见，谆谆教导他。

当时正值隆冬，但风和日暖。丰子恺上午去拜访，马一浮要他和王星贤同去负暄。童仆搬了几只椅子，捧了一把茶壶，安放在篱门口的竹林旁。圆而矮的紫砂茶壶搁在方形的铜炭炉上，壶里的茶水沸腾着。茶壶旁有一筒香烟，是供客人用的。马一浮捧着水烟筒和两人谈天，有时也会放下水烟筒，拿支香烟来吸，吸毕，又拿起旱烟筒来吸。亦庄亦谐的谈话内容，就在水烟换香烟、香烟换旱烟之间不断地轮换。

丰子恺平时平均每小时要吸三四支香烟，但在马先生面前却吸得很少，并非客气，只因为他的心早已被引入高远之境，已忘记了要吸烟。有时他们正在闲谈，另有客人来参加了，马一浮就另换一个新的话题继续。无论什么话题，马一浮都有其独特的见解。他旁征博引，各种文献烂熟于心。

丰子恺记得，年少时候，弘一法师曾带他去见马先生，那时马先生才三十多岁。有一天，弘一法师对丰子恺说："马先生是生而知之的。假定有一个人，生出来就读书，而且每天读两本，而且读了就会背诵，读到马先生的年纪，所读的还不及马先生之多。"当时丰子恺还难以想象如此境地，后来渐渐明白弘一法师的话绝非夸张，古人所谓的"过目成诵"是确有其事的。

丰子恺希望春天永远不来，才可长得负暄之乐。春天还没来，日本人的炮火却逼近了。有一天，丰子恺他们正在闲聊，听见远处有巨响，知道炮火追近了。丰子恺主张远行，并且力劝马一浮也走。马一浮虽孑然一身，但还有亲戚、学生、童仆相从，硝烟中，他不愿独善其身，一行十余人，行路困难，所以没答应丰子恺的劝请。

没过多久，听说大军要来桐庐，欲利用山地做战场，以期歼灭日寇。傍晚，果然来了一批军人，在丰子恺住处借宿一夜，翌晨开赴杭州作战。部队长官对丰子恺说："这地方不可再留，须得迁往远处或大山中，说不定这地方要放弃。"丰子恺便更觉得桐庐也不可久留，连忙去汤庄，再次劝马一浮作远行之计。然而马先生心意已决，对于诸种环境的变迁，坦然不慌。丰子恺不能说动他，决定流徙远方。

既已决定，丰子恺即去汤庄辞别马一浮。路上，丰子恺想了许多话，预备再苦劝他一番，务必请他离开这风雨飘摇的桐庐。但一走进门，望见了马先生的神色，看到他淡定的态度，丰子恺就一句话也说不出来了，只觉得这里有一股强大的力量，一切战争、炮火、颠沛流离等事，遇着了它都要辟易。

回到家后，丰子恺写了一张字条送去，权当告别。古语云："悲莫悲于生别离。"丰子恺深切地感到，这种离别，会令人断肠而死！事后他揽镜自照，竟发现鬓边平添了不少的白发。

在桐庐的最后一天，12月21日清晨，丰子恺全家人黎明即起，打点行装。邻人都依依不舍。丰子恺与家人商议，打算留下七十多岁的岳母，托给友人家照管，全家人于当天下午二时离开桐庐去兰溪，但中途又改变主意，派章桂接回老太太同行。老太太回来，让大家都很开心。丰子恺带着一家老小，离开浙江，经江西上饶、南昌，到萍乡，又经长沙到汉口、桂林、遵义，最后辗转到了重庆……若非亲身经历，实在难以想象这漫长的逃难之路上的种种艰辛。

老年五月
子恺画于漢口

1938年5月，丰子恺在汉口

浙大在宜山　且慰乡思苦

　　丰子恺一家离开桐庐后，一路辗转流离，等再见到马一浮时，是九个月以后在桂林的山水间了。

　　1938年6月，丰子恺由长沙抵达桂林，应聘在桂林师范学校教书。那年秋天，马一浮也辗转到了桂林。为了让马先生有一个安居之所，早在桂林师范学校教书的丰子恺与友人一起替他在城东租了屋。

　　马一浮离开桐庐后，曾赴开化友人处避难。后迁至江西泰和，应浙江大学之聘，以大师名义在泰和讲学。再后来，赣北战事紧张，浙大迁至宜山。马一浮先到广州，后辗转至柳州，来桂林小住。在桂林期间，丰子恺与马一浮相携游桂林山水名胜，他重又聆听先生的教诲，两人一起谈古论今。

　　丰子恺希望能与马先生长相伴，但不久后，浙大即将在宜山开学，马一浮便离开桂林去宜山。1938年10月25日早晨，丰子恺与好友张梓生一同送马先生赴宜山，彼此依依不舍。

匆匆话别之后，丰子恺又赶到医院去看望刚生产的妻子，他的儿子新枚刚刚出生，母子平安。归途中，丰子恺忽见"桂林城中黯淡无光，城外山色亦无理唐突，显然非甲天下者。盖从此刻起，桂林已是无马先生的桂林了"。他感到万分失落。

两天后，丰子恺的好友、时任浙大教务长的郑晓沧，发电报给丰子恺，要聘请马一浮的弟子王星贤去浙大任英文教师，请丰子恺劝驾。当时，王星贤为桂林师范学校的导师，和丰子恺是同事。

丰子恺觉得王星贤是难得的朋友，内心当然希望能与他共晨夕。但为了让马先生与王星贤二人能相得益彰，丰子恺便当了说客，劝王星贤去浙大。

12月2日，丰子恺作画赠别王星贤，题为《偶抛佳果种，喜见绿芽生》。丰子恺认为"星贤乃马门入室弟子，身体圣贤之教。虽暂为桂师导师，对学生未必全无影响。只要广西学生不是石田，则今日'偶抛佳果种'，他年当必有'喜见绿芽生'之一日也"。王星贤离开桂林师范学校后，他原来的国文课由丰子恺代理。

马一浮写信给丰子恺，言郑晓沧也有相邀丰子恺之意，但丰子恺觉得自己刚刚应聘于桂林师范学校，如此匆匆离去，心里过意不去，而且宜山并不胜于桂林，所以一时没决定离开。12月23日，丰子恺又收到马一浮的信，是郑晓沧托他转达浙江大学校长竺可桢聘丰子恺担任浙大艺术指导之诚意。

1939年1月2日，丰子恺收到王星贤的信，告知马一浮已买下了一亩地和三间茅屋，要丰子恺去宜山任浙大艺术讲师兼训导。丰子恺决定受浙大之聘，前往宜山。自此，他与浙大便有了密切的联系。

丰子恺愿意受浙大之聘，一方面是出于师友之情，按他在《教师日记》中的说法是"半由自愿，半由马先生之吸力"，另一方面自然也是与杭州的感情有关。

丰子恺在桂林师范学校为他举行的欢送会上说出了心里话，他说：

> 吾之去有三因：一者吾拟利用此流离，以从事游历。在我多历地方，可以增长见闻，在诸君多得师傅，亦可以集众广益。此利己利人之事也。二者吾乡失陷，吾浙已非完土，吾心常有隐痛。浙江大学乃吾之乡学，对吾有诸君不能想象之诱惑力。此乃吾去此就彼之主观方面之原因。三者，吾在此虽蒙学校当局优遇，学生诸君爱戴，然吾于美术不能教实技，贻误诸君前程。不早告辞，罪将愈重，故不可不去也。……我今正值四十之初，在此执教，可说是吾之真正生活之开始。故此校犹如吾之母校。今后远游他方，念及此校，当有老家之感。甚望诸君及时努力，将来各有广大真实之成就也。

故乡石门湾已成焦土，杭州已经面目全非，而作为"吾之乡学"的浙江大学，权且可一解乡思之苦，对丰子恺这个流离在外的避难者来说，自然有着不可抗拒的诱惑力了。

不承想，赴宜山之路并不一帆风顺，因半路受阻，直到1939年4月8日，丰子恺才抵达宜山。他在浙大任讲师，授艺术教育和艺术欣赏等课，很受学生欢迎，听者甚众，座无虚席。有的学生逃了另外的课来听他的课；连其他学院的学生，都来听课；还有部分教师也每课必到。丰子恺在浙大实非授课，全是演讲。

由于日军进逼，浙大拟取道越南，迁往云南建水。丰子恺不愿做"五月万里云南行"，决计留在宜山。为安全起见，他将家属迁至广西思恩，他自己则留在宜山授课。

放暑假时，丰子恺坐在竹林下读《礼记》，画宜山小景。友人汪静之时常来访。丰子恺亦常与同事兼友人王星贤相约去燕山共饮，相聚甚欢，几乎忘记宜山上空时常会飞过炮弹的现实了。

1940年2月，丰子恺全家随浙大迁至遵义。这年秋，丰子恺升任浙大副教授，课余从事绘画与写作。

"宁作流浪汉，不做亡国奴。"远离故乡的丰子恺，在异地他乡，幸有浙大可托，良友相伴，时日虽短，但也算是他乡遇故知了。

重庆，受聘国立艺专

1942年秋天，丰子恺应国立艺术专科学校校长陈之佛之聘，前往重庆任该校教授兼教务主任。

陈之佛（1896—1962），又名陈绍本、陈杰，号雪翁。中国现代美术教育家、工艺美术家、中国画家。1918年考取官费留学生，赴日本东京美术学校工艺图案科学习，是第一个到日本学习工艺美术的留学生，为中国最早的图案研究者。1935年以后，受宋元名画真迹影响，决心从事工笔花鸟画创作，成为著名工笔花鸟画家。他的作品独创一格，不落前人窠臼。

陈之佛是丰子恺在日本时结识的老友。归国后，两人一直保持亲密的友谊。在国立艺专共事，更加深了两人的感情。

国立艺术专科学校，前身是国立西湖艺术院，1928年3月创立于杭州西湖罗苑，1930年秋改名为国立杭州艺术专科学校，是当时国内有名的艺术学府,隶属于教育部。1937年抗战全面爆发后,学校迁往诸暨、贵溪、沅陵。1938年3月与北平艺专合并,组建为国立艺术专科学校,后迁往贵阳、昆明。1942年迁至重庆。1945年抗战胜利后,学校奉令迁回杭州原址。1946年秋撤销国立艺术专科学校,恢复国立杭州艺术专科学校。1950年11月改名为中央美术学院华东分院,1958年改称浙江美术学院,1993年改名为中国美术学院。

1942年,陈之佛担任国立艺术专科学校校长。他上任后,首先想到了好友丰子恺,聘请他任教务主任一职。丰子恺受聘于国立艺专,多半是出于陈之佛这个浙江老乡兼朋友之情深,同时,也有国立艺专这所学校与杭州关系密切的因素在里面。而客观上,也是因为三个儿女在修水读完了浙江大学一年级后,听说重庆沙坪坝的中央大学外文系较好,浙大则重理科,所以三女宁馨到湘潭续念浙大二年级数学系,长女陈宝和长子华瞻则转学到中央大学。就这样,丰子恺一家从贵州遵义迁到了重庆。

丰子恺在遵义的住宅里整理行装准备迁往重庆时,突然邮差送来泉州开元寺性常法师发来的电报,说弘一法师已于数日前圆寂。丰子恺悲恸万分。弘一法师是他生平最崇拜的人之一,如今他再也不能亲聆法师的教诲了。他走到窗前,望着长空,沉默良久,发愿替弘一法师画一百尊像,分送给信仰法师的人。

丰子恺到达重庆后,受到陈之佛的热情接待,全家寄居在陈之佛家楼上。不久后,丰子恺与立达学园的学生陈瑜清相遇,经陈瑜清介绍搬到风生书店暂住,后自建了沙坪小屋。

重庆这座山城给丰子恺留下的印象很好，市容繁华，而且有许多老朋友。尤其一到保安路开明书店，更是乡音悦耳，让他误以为是江南的都市。他想起了杜甫的诗句："一卧沧江惊岁晚"，"五陵裘马自轻肥"。

丰子恺到了沙坪坝，为筹措生活费，于1942年11月下旬在重庆夫子池举行了个人画展。这是他生平第一次亲自到现场办画展，而老友陈之佛为他的画展也出了不少力。

这次展出的画，都是丰子恺在逃难途中新作的以山水为主的彩色风景画，幅面也较以前的漫画大。他在《画展自序》中阐述了自己的画风由黑白简笔漫画转变为彩色人物风景画的经过：

> 我生长在江南……所见的都是人物相、社会相，却难得看到山景，从来没有见过崇山峻岭之美。所以抗战以前，我的画以人物描写为主……大都只是寥寥数笔的小幅。……抗战军兴，我暂别江南，率眷西行。一到浙南，就看见高山大水。经过江西、湖南，所见的又都是山。到了桂林，就看见所谓"甲天下"的山水。从此，我的眼光渐由人物移注到山水上。我的笔底下也渐渐有山水画出现。我的画纸渐渐放大起来，我的用笔渐渐繁多起来。最初是人物为主，山水为背景，后来居然也写山水为主人物点景的画了。最初用墨水画，后来也居然用色彩作画了。好事的朋友，看见我画山水，拿古人来对比，这像石涛，这像云林。其实我一向画现代人物，以目前的现实为师，根本没有研究或临摹过古人的画。我的

画山水，还是以目前的现实——黔桂一带山水——为师。古人说："画不师古，如夜行无烛。"我不师古，恐怕全在暗中摸索？但摸了数年，摸得着路，也就摸下去。

可见，丰子恺的画以抗战军兴为转机，已由人物画为主变为山水画为主，由小幅变为较大幅，由简笔变为较繁笔，由单色变为彩色了。这些山水为主的彩色画在抗战时期无法复制，只能裱了悬挂起来供人欣赏，所以他举办画展，任人观赏。

丰子恺在国立艺专担任教务之职，但由于性情所致，他并没有投入其中，平时也只给学生讲授艺术概论等课程。他看到了学校内部的种种矛盾，1943年秋，便辞去了教务之职。1944年3月，陈之佛也辞去校长之职，仍回中央大学艺术系任教。抗战胜利后，陈之佛返回南京。1959年8月，《陈之佛画集》由人民美术出版社出版，丰子恺担任编辑并写序。两人在艺术思想上有共同之处，陈之佛向学生们介绍丰子恺的艺术和艺术思想时提出，中国近现代的艺术教育，有一个十分重要的脉络：弘一法师——丰子恺——钱君匋，若从这一脉络研究中国近现代艺术教育史，即把握了主线。

几人相忆在江楼

抗战胜利后，丰子恺卖掉了沙坪小屋，全家从重庆郊外迁居城中，欲候船重返江南，却忽然得到恩师夏丏尊在上海逝世的消息。他的内心十分哀伤，和几年前从遵义迁往重庆，临行时忽得弘一法师圆寂的电报一样悲痛。平生最敬爱的两位老师最后的消息，都是在这样行旅倥偬的时候传到，丰子恺觉得这是恩师给自己的最后训示。

而夏丏尊的去世，更让丰子恺觉得万分遗憾。他原以为抗战都结束了，与恩师分别了多年，眼看就要团聚。之前，他还专门给夏先生写了一封长信，见到回信的笔迹依然遒劲挺秀，足见夏先生精神依旧。丰子恺很高兴，以为马上可以相见，却终于不得再见。"真是天实为之，谓之何哉！"

在山城客寓中，丰子恺被巨大的悲哀包围，回忆像潮水泛滥。

丰子恺清晰地记起，1937年的那个秋天，卢沟桥事变爆发，他从南京回杭州，中途在上海下车，到梧州路去看望夏先生。夏先生满面忧愁，说一句话，叹一口气。丰子恺因为要乘当天的夜车返杭州，便匆匆告别。丰子恺说："夏先生再见！"夏先生好像骂他一般愤然答道："不晓得能不能再见！"夏先生站在门口凝注眼光送他。夏先生老是善愁，就像往常一样，丰子恺在内心还笑他多忧。岂知这正是他们师生的最后一面，果然这一别后，不能再见了，怎能不叫他抱恨终生呢。

抗日战争时期，夏丏尊留在上海，而丰子恺带着全家逃难，最后到了重庆。其间，他与夏先生只能以书信联系。他从信中得知，夏先生在上海的日子非常艰难，曾有不得不吃"扁担饭"的日子，就是一天只吃两顿，上午吃一餐，然后去办公，下午回来再吃一餐，一天的食事就算完了。有一封信中，提到夏先生曾被抓去坐过牢。还有一封信中说，抗战事起，夏先生天天丧魂落魄，一切都无从说起，凡事以"度死日"之态度处之，唯一可以安慰的是，丰子恺给他寄去的字画，见画如见人，聊慰思念之情。夏先生听到石门湾被炸毁的消息后，十分怅惘，取出丰子恺寄给他的《几人相忆在江楼》的横幅，挂在寓壁，早晚观览，聊寄遐想，默祷平安。

丰子恺与夏丏尊的感情很深，他们既是师生，更是知心朋友。丰子恺说："二十年间，常与夏先生接近，不断地受他的教诲。其时李先生已经做了和尚，芒鞋破钵，云游四方，和夏先生仿佛是两个世界的人。但在我觉得仍是以前的两位导师，不过所导的对象由学校扩大为人世罢了。"

遥想当年，在浙一师，在美丽的西子湖畔，丰子恺少不更事，夏先生则如慈母般地呵护、引导与鼓励他，使他走上文学之路，在中国文坛上占有一席之地。有这样的学生，夏先生的心里自然由衷地感到高兴。而抗战时期，两人远隔千里，互相之间的关爱之情，只能通过信札来表达。每一封信里，夏先生总不忘谈生活、谈艺术、谈人生，对丰子恺殷殷关照，诸多勉励。

而最让丰子恺懊悔的是，原来有一大包纪念品，是师友们送给他的值得保留的信件等物品，当然也包括夏先生给他的十多封信。这一大包东西，他一直郑重保存。抗战胜利后，他决计返回江南，为简化行李，对这包纪念品进行了清理，抛弃了一大半。而夏先生的信，他也只留下了抗战初期的一封和论画的一封，其余的都抛下了。他想，以前保存这些信件，是担忧夏先生在战时的安危；现在抗战胜利了，不久便可与恩师见面，若再保存着这些信，反而不祥，就把它们烧了。

想到夏先生每次在信中事无巨细的殷殷关照和种种训示，以后再也看不到了，丰子恺不禁悲从中来。他写下了《悼丏师》《读丏师遗札》等文章，在远离江南的山城重庆，独自重温师恩，寄托哀思。

丰子恺引用陶渊明诗以自励："先师遗训，余岂云坠？四十无闻，斯不足畏。脂我名车，策我名骥。千里虽遥，孰敢不至！"

如今这世上再无恩师夏丏尊，也再无恩师李叔同！丰子恺再也不可能与夏先生相约去杭州西湖边看望弘一法师，亲耳聆听两位恩师的训示了。先生是不在了，但作为学生，他唯有继承先生遗训，鞭策勉励，独自往前走了。

定有行人忆六桥

1942年秋，丰子恺率全家定居重庆后，再一次有机会追随马一浮。

早在1939年春天，丰子恺受浙大之聘抵宜山，而马一浮已先离开宜山赴川创办复性书院，未能在一起共事，丰子恺觉得甚是遗憾。这次，他到了重庆，便专程赴乐山拜访马一浮。在乐山期间，他再次领受到了当年在桐庐时的负暄之乐。

丰子恺有《乐山访濠上草堂呈马一浮先生》诗曰：

> 蜀道原无阻，灵山信不遥。
> 草堂春寂寂，茶灶夜迢迢。
> 麟凤胸中藏，龙蛇壁上骄。
> 近邻谁得住，大佛百寻高。

诗中的"麟凤"就是指马一浮。"麟凤胸中藏",表达出丰子恺决意追随马一浮的愿望。

丰子恺另有题为《一九四三年,赴乐山访马一浮先生,回沙坪坝记录》的诗,其中有:

> 人间到处是修罗,天地依然喜气多。
> 昨晚月明江水碧,今朝日暖鸟声和。
>
> 尚有空名在国中,新朋到处喜相逢。
> 酒酣欲把唐诗改,天下何人不识丰。
> ……

而马一浮在这一两年中也作了不少诗给丰子恺,其中有一首《观丰子恺画展》:

> 卧游壁观可同时,万法生心即画师。
> 每怪倪迂耽竹石,恰如郑侠写流离。
> 洞霄九锁人归远,云海千重鸟去迟。
> 屏上春山蕉下梦,未妨收入一囊诗。

随着抗战形势的好转,这两位漂泊在外的文人,思乡之情渐浓。1944年中秋节次日清晨,丰子恺趁着梦意,在枕边填了一阕

《贺新凉》，其中写道：

> 故园焦土蹂躏后。幸联军痛饮黄龙，快到时候。来日盟
> 机千万架，扫荡中原暴寇。便还我河山依旧。漫卷诗书归去
> 也，问群儿恋此山城否？言未毕，齐摇手。

这一年，马一浮也写了两首诗送给丰子恺，其一是：

> 红是樱桃绿是蕉，画中景物未全凋。
> 清和四月巴山路，定有行人忆六桥。

另一首是：

> 身在他乡梦故乡，故乡今已是他乡。
> 画师酒后应回首，世相无常画有常。

在远离故乡的千里之外，丰子恺特别怀念家乡，怀念红了樱桃、绿了芭蕉的缘缘堂，怀念杭州西湖上的苏堤六桥。清和四月巴山路，身在他乡梦故乡，何时是归期？应该快到时候了，漫卷诗书归去也，山城虽好，也不留恋。

果然不出一年，抗战全面胜利，丰子恺他们的美好愿望实现了，终于可以踏上归乡之路，回到朝思暮想的故乡。1946年5月20日，马一浮径直从重庆坐飞机至上海，然后回到了杭州，丰子

恺也于1947年3月到杭州。从此，他们又可以枕西湖而居，春秋佳日，散步于苏堤六桥，吟诗作画了。

马一浮先借里西湖的葛荫山庄为复性书院的临时院舍。刚回到湖山依旧、人事全非的杭州，他作《湖上寄怀巴中送别诸子》：

> 飞花语燕送归舟，回首巴山几日留。
>
> 旧蚀虫书将灭字，新栽堤柳已先秋。
>
> 倦来壁上看云起，梦入林间秉烛游。
>
> 胜有西湖湖水碧，照人行路不胜愁。

刚回到杭州时，马一浮以刻书卖字来维持书院残局。丰子恺辗转返江南，居静江路（今北山路）85号平屋，此地距葛荫山庄很近。跟马一浮一样，他初到杭州后也只能靠卖画来维持生计。两人在西湖之滨度过了近两年的美好时光。1948年秋，丰子恺赴台湾游玩并办画展，同年初冬至厦门，次年春又赴香港。1949年4月，丰子恺定居沪上。而马一浮于1948年秋结束书院，1950年春应弟子蒋苏庵之请，从此定居西湖花港的蒋庄。

从1954年到1966年，丰子恺度过了十多年的安定生活，这些年中，他几乎每年春秋都要到杭州，到杭州就去蒋庄访马先生。"文化大革命"期间，丰子恺和马一浮都未逃脱厄运。1967年，马一浮逝于杭州。

没有了弘一法师，没有了马一浮，杭州西湖，是怎样的寂寥无趣？

长亭外，古道边，芳草碧连天。

晚风拂柳笛声残，夕阳山外山。

天之涯，地之角，知交半零落。

一觚浊酒尽余欢，今宵别梦寒。

……

第五章

回归 重返江南之后

抗战胜利后，丰子恺从重庆辗转返回江南，先到上海，然后回到故乡石门湾。缘缘堂已被毁，他极为心痛地离开了石门湾，来到他的第二故乡杭州。在西湖边觅得小屋五间，暂时安了家。1947年至1948年间，丰子恺居住杭州静江路85号的湖畔小屋。在这里，他又过起了赋闲的日子，写作、画画、出游。

还 乡

　　抗日战争胜利后，丰子恺准备重返江南，却面临许多现实难题：首先是路费难筹，再是舟车难得，还乡之路，备感艰辛。

　　为筹措路费，丰子恺只好卖画筹钱，在重庆等地开了几次画展。1945年10月，他在重庆两路口社会服务处举行个人画展。画展结束后，丰子恺到北碚去，与老舍、陈望道、章靳以等会面，还到复旦大学去演讲。当时，画展上展出的作品定价很低，订画者众。丰子恺因不舍得卖原作，人家订的画，待画展结束后他再重画。那段时间，他为还画债，过得很辛苦，也很烦恼。

　　1946年1月31日，丰子恺写信给夏宗禹："因近来为还画债，笔已画腻，强画不好看。……淫雨送岁，日伏小屋中还画债，无聊之至，反有一种'荒村苦雨'之诗趣。"

　　不但丰子恺如此，他的好友如陈之佛也一样。1946年1月4

日丰子恺在给夏宗禹的信中这样写道："我对画展，十分消极，不得已而为之耳。故入城奔走找求'关系'，认为一大苦事。因为消极，故对成绩好坏，也只得不计较。……华瞻看见之佛，听说成都画展很好，卖了三百多万。但是四年心血结晶品都卖光了。他很俭朴，有了这笔钱，复员费就够了。也划得来。"陈之佛是丰子恺的老朋友，那次成都画展即是指陈之佛工笔画展。

画展后，路费勉强够了，但舟车更加难得。丰子恺全家从1946年4月20日迁居重庆，候船两个多月，仍不能成行。不得已改道乘汽车（当时因工作关系，陈宝、软软、华瞻要迟一点走），从重庆出发已十天，在绵阳候船摆渡，延误了四天，在大雨中经过剑阁。剑阁山川雄壮，此时更有严肃恐怖之气象。大雨中，丰子恺他们的车顶铺盖湿透，竟不能用，只好取出卖与本地人，所得之资，竟有一张车票之数。好不容易于7月14日抵广元，第二天换车经陕西汉中至宝鸡，在宝鸡小住。宝鸡的《西北晨报》《通俗日报》都报道了漫画家丰子恺率眷还乡，途经宝鸡的消息。

至7月底，丰子恺一行到了开封。由于解放战争爆发，道路遇阻，他们又在开封停留了十多天，各界慕名拜访、请他作画的人甚多。丰子恺率家人乘火车由开封前往郑州。当时郑州全城戒严，不得已，他们只好露宿街头，加之盘缠拮据，住宿困难，竟与难民无异。在火车站，幸遇一群仰慕丰子恺的青年，在他们的帮助下，才得以乘车至武汉。为筹措路费，丰子恺又在武汉举办个人画展。

直到9月25日，丰子恺一行才抵达上海。踏上阔别近十年的土地，丰子恺觉得："从京沪火车跨到月台上的时候，第一脚特别踏得重些，好比同它握手。"回到上海后，他先暂居学生鲍慧和家，住了几天后，就回到故乡石门湾。

11月10日上午，丰子恺一行到了石门湾，凭吊劫后的缘缘堂，并探望故乡亲友。

抗战时期，丰子恺在桂林还接到老姑母的来信，信中说："缘缘堂虽已全毁，但烟囱尚完好，矗立于瓦砾场中。此是火食不断之象，将来还可做人家。"可是，现在连这烟囱也影迹全无了。那天晚上，丰子恺夜宿亲戚丰坤益家，独自痛饮，情不自已。后来，他作漫画《昔年欢宴处，树高已三丈》，表达内心无限的怀念与痛惜之情。

石门湾，这个船舶麋集、商贾辐辏的热闹城镇，如今已面目全非了。他在《胜利还乡记》一文中写道："只除运河的湾没有变直，其他一切都改掉了。这是我呱呱坠地的地方。但我十年归来，第一脚踏上故乡的土地的时候，感觉并不比上海亲切。因为十年以来，它不断地装着旧时的姿态而入我的客梦；而如今我所踏到的，并不是客梦中所惯见的故乡！"寺弄，本来热闹得像上海的南京路，如今两旁的房屋都变成了草棚，到处是废墟。染坊店与缘缘堂也已不知去向。只有根据河边石岸上那块向河面突出的石头，才能依稀辨认出染坊店的墙界。

伤心不已的丰子恺，在默默凭吊一番之后，第二天便离开故乡石门湾，去杭州另觅新巢。

门对孤山放鹤亭

丰子恺带着无限落寞的愁绪，离开故乡，来到省城杭州。一别多年，多少次梦里回杭州，今天终于切切实实回到了它的怀抱，真是百感交集。他决定在杭州找房子，定居下来。

丰子恺到杭州后，刚开始没能找到房子，便暂住功德林旅馆。后又在里西湖畔招贤寺下榻。他写信给夏宗禹："杭州山水秀美如昔，我走遍中国，觉得杭州住家最好，可惜房子难找。我已租得小屋五间，在西湖边，开门见放鹤亭（即孤山林和靖放鹤处），地点很好，正在修理。……我现暂住招贤寺僧房。"

最后，丰子恺总算在招贤寺旁租到一所小平房，三间正屋，天井的东西侧各有厢房一间。他便筹款先进行装修。

好在去杭州之前，丰子恺在上海南京路大新公司楼上举行了一次个人画展。画展很成功，收入正好用于杭州新居的装修和家具的添置。

1947年3月，丰子恺全家迁入杭州静江路85号小平屋内，该住所被称为"湖畔小屋"（今已不存）。自一年前卖掉重庆的沙坪小屋后，丰子恺的生活一直不得安定，现在终于可以安居了。

湖畔小屋地理位置很好，环境幽静，门外隔湖正对孤山放鹤亭。先前，丰子恺来看屋时就已注意到这胜境，不禁脱口而出："门对孤山放鹤亭。"这正好成了一副对联的下联。他思索良久，所得上联都不甚满意。后来全靠老友章锡琛帮忙想出了上联，才成全了一副理想的对联："居临葛岭招贤寺，门对孤山放鹤亭。"

丰子恺在湖畔小屋居住了一年半。在上海时，他曾答应到杭州后去浙江大学教书，但一到杭州，闲适的生活环境使他的心又闲散起来，他不愿再受束缚，便临阵脱逃，依旧过起了赋闲生活。

1947年5月31日，丰子恺曾作《宴会之苦》一文，后刊登在《论语》杂志上，文中说他"深怕宴会之苦"，希望"今生永不参加宴会"。此前，杭州的《正报》上曾刊登了一篇文章，根据丰子恺在杭州的生活特点，给他起了个诨名"三不先生"——不教书、不讲演、不宴会。在《宴会之苦》中，他对宴会之苦进行了详细、深刻且非常生动的描述。"宴会，不知是谁发明的……比上课讲演更吃力，比出庭对簿更凶！我过去参加过多次，痛定思痛，苦况历历在目。""饮食一事……至少不值得大事铺张，公开表演。"可以看出，他反对、厌恶宴会的情绪，主要是针对宴会中的烦琐程式、虚伪表演、铺张浪费等不良现象而发。

丰子恺也不愿意做官。1947年，时任杭州市市长的周象贤曾几次登门拜访，邀丰子恺出仕，均被他谢绝。在他看来"富贵于我如浮云"，与其受官职束缚，宁可无官一身轻，做个自由自在的闲人。

不做教授，不做官，没有宴会之苦，丰子恺乐于做这样的"三不先生"。因此，这一段时间，他的生活较为舒适、充实、自在，乡亲们陆续前来探望他，到西湖游玩的友人也常来访。

那年5月1日，丰子恺在致夏宗禹的信中说："杭州香时，闹得不堪，我家每日来客人，不下十班。送迎甚苦。宿夜客不断，有时客堂里设行军床。丰师母好像开了包饭作，每天忙于招待酒食。我倒欢喜闹热，来客一概招待。写一副对：'酒贱常愁客少，月明都被云妨'（东坡句），因此客来更多。今香时已过，四乡忙耕田养蚕，西湖上也冷清起来了。"

丰子恺在湖畔生活期间，创作了《还乡记》《端阳忆旧》《新年话旧》《贪污的猫》《我的漫画》《湖畔夜饮》等大量随笔散文，发表在《儿童故事》《申报》《天津民国日报》《京沪周刊》《论语》等报刊上。这期间，他的大量画集和专著也得以出版，如《又生画集》《丰子恺杰作选》《劫余漫画》《幼幼画集》《音乐十课》《丰子恺画存》和儿童故事集《博士见鬼》等。可以说，这一时期是他的又一个创作丰收期。

黄涵秋（左）、陈之佛（中）与丰子恺（右）在杭州静江路85号

草草杯盘共一欢

　　丰子恺平生爱喝酒，独酌也好，与友人共饮也好，在他的画作和随笔里，时时可见描写喝酒的滋味与情趣的。《小桌呼朋三面坐，留将一面与梅花》《相逢意气为君饮，系马高楼垂柳边》，直见深情豪气；《看花携酒去，酒醉插花归》《田翁烂醉身如舞，两个儿童策上船》《主人醉倒不相劝，客反持杯劝主人》《三杯不记主人谁》，如此返璞归真；《草草杯盘供语笑，昏昏灯火话平生》，犹如心有千千结，借酒消愁绪。而最有韵味的饮酒，莫过于丰子恺与老朋友郑振铎的一次湖畔夜饮。读丰子恺写的《湖畔夜饮》，似乎能感受到杭州西湖也带着微微的醉意，让人不自觉地醉倒在浓郁的酒香里。

　　丰子恺和郑振铎的相识相知，是子恺漫画做的媒。早在白马湖畔春晖中学时，丰子恺的漫画《人散后，一钩新月天如水》在朱自清、俞平伯等合办的《我们的七月》上发表后，立即引起了郑振铎的兴趣。郑振铎在《〈子恺漫画〉序》中写道："虽然是疏朗的几笔墨痕，画着一道卷上的芦帘，一个放在廊边的小桌，桌上是一个把壶，几个杯，天上是一钩新月，我的情思却被它带到一个诗的境界，我的心上感到一种说不出的美感，这时所得的印象，较之我读那首《千秋岁》为尤深。实在的，子恺不唯复写那首古诗的情调而已，直已把它化成一幅更足迷人的仙境图了。"丰子恺的一钩新月，勾起了郑振铎的思绪；而郑振铎的这番解读，表明他就是丰子恺漫画的知音。而那个时候，他们还不曾见过面呢。

有一次，朱自清回白马湖，郑振铎就向他问起丰子恺的情况。后来，丰子恺到上海任立达学园教职，而郑振铎当时在上海编《文学周报》，正需要插图，他就托人向丰子恺要了几幅漫画。因为实在太喜欢了，继而他又不断索画。他把这些画放在一起展示，十分中意，几乎忘了现实的苦闷。后来，他问丰子恺："你的画，我们都极喜欢，可以出一个集子吗？"丰子恺爽快地答应并提供了许多画作。郑振铎与叶圣陶一起挑画，编成了画集《子恺漫画》，1925年12月由文学周报社出版。

抗战胜利后，丰子恺从重庆返回江南，定居杭州。郑振铎专程到杭州看望多年的老友。

郑振铎到来之前，丰子恺已经与四位来西湖游春的朋友在他的湖畔小屋里饮过酒了。酒阑人散，皓月当空，湖水如镜，花影满堤。丰子恺送客出门，舍不得这湖上的春月，便独自向湖畔散步去了。他在柳荫下一条石凳上坐下来，忽然想起小时在学校里唱的春月歌：

春夜有明月，都作欢喜相。每当灯火中，团团清辉上。
人月交相庆，花月并生光。有酒不得饮，举杯献高堂。

丰子恺觉得这歌词，温柔敦厚，可爱得很！又想到现在的小学生，唱的歌粗浅鄙俚，没有福分唱这样的好歌，可惜得很！回味那歌的最后两句，想到自己高堂俱亡，虽有美酒，无处可献，又感伤得很！三个"得很"，逼得他立起身来，缓步回家。不然，恐怕把老泪掉在湖堤上，要被月魄花灵所笑了。

丰子恺一个人在湖边发表了这通微醉后的感慨后，回到家中。家人说，上海客人郑振铎来过了，住在葛岭饭店。第二天早晨，丰子恺就到葛岭饭店去找他，可郑振铎已经出门。丰子恺就留了一张名片，请他正午或晚上到家里共饮。可等了一整天，郑振铎都没有来，丰子恺就独酌，照例饮尽一斤。晚上八点钟，他正酒酣之余，郑振铎来了。郑振铎已在湖滨吃了夜饭，也饮过一斤酒了，不回旅馆，就直接来看丰子恺。

阔别多年，老友相逢，丰子恺自觉肚里的一斤酒，在这位曾共同豪饮的老朋友面前，立刻消解得干干净净。他说："我们再喝酒！"郑振铎也说："好，不要什么菜蔬。"

窗外微雨，月色朦胧，老友相对，灯下共饮。女仆端了一壶酒和四只盆子出来，酱鸡、酱肉、皮蛋和花生米，放在收音机旁的方桌上。收音机上面的墙上，正好贴着一首丰子恺手抄的数学家苏步青的诗：

> 草草杯盘共一欢，莫因柴米话辛酸。
> 春风已绿门前草，且耐余寒放眼看。

此诗作于1947年春节前后，是苏步青专门写给丰子恺的。

1940年，丰子恺与苏步青在贵州遵义第一次见面，当时苏步青还是丰子恺女儿林先结婚时男方的主婚人，此后两人交往日深。1947年秋，丰子恺与苏步青有诗画往来的佳话。先是苏步青作乞画诗，其中有"淡抹浓妆水与山，西湖画舫几时闲"之句，欲向丰子恺乞画。而诗未发出，他就收到了丰子恺主动寄赠的一幅以遵义生活为背景的《桐油灯下读书图》。苏步青即写答谢诗，与乞画诗一并寄给丰子恺。丰子恺又送苏步青一幅《西湖游舸图》。

丰子恺对苏步青的诗有极高的评价，他写道："有了这诗，酒味特别的好。我觉得世间最好的酒肴，莫如诗句。而数学家的诗句，滋味尤为纯正。因为我又觉得，别的事都可有专家，而诗不可有专家。因为做诗就是做人。人做得好的，诗也做得好。倘说做诗有专家，非专家不能做诗，就好比说做人有专家，非专家不能做人，岂不可笑？……樽前有了苏步青的诗，桌上酱鸡、酱肉、皮蛋和花生米，味同嚼蜡；唾弃不足惜了！"

就这样，丰子恺与郑振铎以苏诗下酒，饮酒话旧，往事历历在目，而话旧也成了一种美味酒肴。阔别十年，身经万难，一个沦陷在孤岛上，一个奔走于万山中，他们有太多的话要讲，太多的情要叙。可惊可喜、可歌可泣的话，越谈越多。谈到酒酣耳热的时候，话声都变了呼号叫啸，把睡在隔壁房间里的人都惊醒了。

谈到二十余年前，他们一个在宝山路商务印书馆当编辑，一个在江湾立达学园教课的往事，郑振铎想要看看《子恺漫画》里的三个主角：阿宝、软软和瞻瞻，幼时他都见过的。丰子恺说，瞻瞻现在叫作丰华瞻，正在北平北大研究院，今天叫不到；阿宝和软软现在叫作丰陈宝和丰宁馨，已经大学毕业，在中学教课了，此刻正和她们的弟妹们在厢房里。丰子恺就喊她们来"参见"。

郑振铎用手在桌子旁边的地上比比，说："我在江湾看见你们时，只有这么高。"大家都笑了。这种笑的滋味，半甜半苦，半喜半悲。所谓"人生的滋味"，在这里可以尝到。丰子恺说："《花生米不满足》《软软新娘子，瞻瞻新官人，宝姊姊做媒人》《阿宝两只脚，凳子四只脚》等画，都是你从我的墙壁上揭去，铸了锌版在《文学周报》上发表的。"郑振铎点头微笑。

二十年了，经历了太多的人事变迁，他们的友谊却历久弥新。两人又默默地干了两杯。丰子恺发现郑振铎的豪饮，不减当年。二十年前的一天，丰子恺在上海的日升楼前，遇见郑振铎。郑振铎拉住他的手说："子恺，我们吃西菜去。"于是一同走到新世界对面的晋隆西菜馆的楼上，点了两客公司菜，外加一瓶白兰地。吃完结账时，郑振铎问丰子恺："你身上有钱吗？"丰子恺说："有！"摸出一张五元钞票来，把账付了。于是一同下楼，各自回家。过了一天，郑振铎到江湾来看丰子恺，摸出一张十元钞票来，说："前天要你付账，今天我还你。"丰子恺不收，说："账回过算了，何必还我？更何必加倍还我呢？"但郑振铎定要把十元钞票塞进他的西装袋里去。坐在旁边的立达同事刘薰宇，就过来抢了这张钞票去，说："不要客气，拿到新江湾小店去吃酒吧！"大家赞成。于是号召了夏丏尊、匡互生、方光焘等七八个人，一齐到新江湾的小酒店里吃酒去。吃完这张十元钞票时，大家都已烂醉了。

一晃二十余年，如今夏先生和匡互生均已作古，刘薰宇远在贵阳，方光焘不知又在何处。只有郑振铎仍旧在这里与自己共饮。这岂非人世难得之事！想到此，两人又喝了两大杯。

夜阑饮散，春雨绵绵，丰子恺要郑振铎留宿一晚，但他一定要回旅馆。丰子恺就给他一把雨伞，看着他高大的身子在湖畔柳荫下的细雨中渐渐地消失了。两天后，1948年3月28日夜里，丰子恺在湖畔小屋作《湖畔夜饮》一文，记录了这一次有意思的夜饮以及和老友的深情厚谊。这无疑是丰子恺在杭州所作的最感人的散文名篇之一。

郑振铎是我国现代杰出的爱国主义者和社会活动家，又是著名作家、文学评论家、文学史家、翻译家、艺术史家和收藏家。可惜的是，1958年10月17日，他在率领中国文化代表团出国访问途中，因飞机失事遇难殉职。如果不出意外，他与丰子恺可能还会有更多的湖畔夜饮，更多的草草杯盘话人生吧。

"梅迷"

1947年至1948年间，近知天命之年的丰子恺，像如今的粉丝追星一样，忽然做了一回"追星族"。他追的这个明星，是我国杰出的京剧艺术大师梅兰芳。丰子恺刚从重庆回上海的时候，便买了戏票去上海天蟾舞台观看梅兰芳的演出，并登门拜访。第二年清明时节，丰子恺在杭州的时候，又专程赶去上海看梅兰芳的演出，并拜访他，还送上了亲笔题画的扇子。两度访梅，这在丰子恺人生中也是一段难得的佳话。

丰子恺到上海天蟾舞台看演出那次，全场座无虚席，他在其中的一个包厢里专心看戏。当看到梅兰芳在《龙凤呈祥》中以孙夫人的姿态出场的时候，他"连忙俯仰顾盼，自拊其背，检验是否做梦"，弄得邻座的朋友莫名其妙，奇怪地问："你不欢喜看梅兰芳？"丰子恺连忙道歉。

后来梅兰芳在中国大戏院续演，丰子恺又跟去看，一连看了五个晚上，成了一个铁杆"梅迷"。演出完毕后，平生不大喜欢主动上门拜访人的丰子恺，又破天荒主动去拜访了梅兰芳。

那是一个阳春的下午，丰子恺在摄影家郎静山的引导下，由摄影记者陈警聪及老友盛学明陪同去思南路访梅兰芳。在一处闹中取静的洋楼里，丰子恺与梅兰芳在沙发上对坐畅谈。他惊讶于梅兰芳的身材恰到好处，说话声音"洪亮而带粘润"，手势非常自然。然而最使他感慨的，却是人生的无常之恸：梅兰芳不论身体如何好，今后还能唱几年戏呢？上帝手造这件精妙无比的杰作，日后可能就会坍损到无法修缮的地步！丰子恺不胜感慨，只能热忱地劝请梅兰芳多灌唱片，多拍有声有色的电影。

两位摄影家替他们留了影，丰子恺便与梅兰芳握手道别。归途中，丰子恺浮想联翩：造物主既然造了这样精巧的人才，就应延长其保用年限，既然不肯延长保用年限，又何必造得这样精巧，枉使人间平添许多痴情。造物主真是恶作剧！

1947年3月2日，丰子恺访梅兰芳的第二天，他与梅兰芳、郎静山的合影刊登于《申报·自由谈》。

不久后，丰子恺到杭州定居，转眼又到了江南梅雨时节。1947年6月2日，这天晚上，梅雨敲窗，银灯照壁，好一个抒情良夜。丰子恺静坐在湖畔小屋的书桌前写作《访梅兰芳》一文，深情地回忆和记述了三个月前看梅兰芳演出以及访梅的经历，剖析自己的内心世界："我十年流亡，一片冰心，依然是一个艺术和宗教的信徒。我的爱平剧（即京剧）是艺术心所迫，我的访梅兰芳是宗教心所驱"，"是要看看造物者这个特殊的杰作的本相……去看看卸装后的这架巧妙的机器的本相"。

丰子恺多才多艺，一生在美术、文学、音乐等领域均有建树，但是由于他早年受新文化运动的影响，认为京剧中封建主义毒素太多，因而一开始他不看京剧。1933年，石门湾缘缘堂建成后，他买了一台留声机和一大堆西洋音乐唱片，顺便还买了几张梅兰芳的唱片。没想到这几张京剧唱片，竟使他入了迷。后来他干脆不买西洋音乐唱片，而专买京剧唱片，尤其是梅兰芳的唱片。这在丰子恺也是一个一百八十度的大转变。1935年，他还曾作《谈梅兰芳》一文，讨论了梅兰芳扮青衣的唱腔特色。

丰子恺曾经说过，他平生自动访问素不相识的有名的人，以访梅兰芳为第一次。原因是，他十分敬重梅兰芳在抗战期间的种种爱国表现。当时，丰子恺流亡重庆，曾收到友人寄赠的一张梅兰芳蓄须明志的照片，因敬仰他的爱国情操和高尚人格，丰子恺特意将这张照片高悬于屋内墙上，每日驻足凝视。

那时候，日寇侵占上海，野心勃勃，有鲸吞东亚大陆之野心。有些所谓士大夫者，恬不知耻，卖国求荣者也不少。梅兰芳却能不顾自己的饭碗，毅然蓄须抗战，真乃爱国英雄。对于梅兰芳的气节的敬仰，应该是丰子恺"追星"的原因之一吧。

1948年的清明过后，丰子恺带着喜爱京剧的长女丰陈宝、小女丰一吟，专程从杭州赶往上海，观看了梅兰芳的《洛神》。之后，他感触很多，于是赴"梅华诗屋"，再次拜访了梅兰芳。这次，他们畅谈了京剧艺术。

后来，丰子恺在《再访梅兰芳》一文中写道：去年自己是"带了宗教的心情去访梅兰芳，觉得在无常的人生中，他的事业是戏里戏，梦中梦，昙花一现，可惜得很"，而这一次却是"带了艺术的心情去访梅兰芳，又觉得他的艺术具有最高的社会的价值，是最应该提倡的"。

丰子恺说，与西洋音乐相比，京剧至少有三个特点：第一是没有和声，没有伴奏，只用长音阶的七个音，因此它的美来自旋律，这种旋律变化可以表现青衣、老生、花脸等行当丰富的人物个性和复杂的戏剧冲突。第二是注重夸张，比如善良正直的人，脸色光明威严，不妨夸张为红；奸邪暴戾的人，脸色冷酷阴惨，不妨夸张为白；好勇斗狠的人，其脸孔峥嵘突兀，不妨夸张为花。第三是善于运用象征手法，比如开门、骑马、划船，只要做一个手势，执一根马鞭，拿一支船桨，就可以表达所需要的内容。

话头转入象征表现的时候，梅兰芳说，他在莫斯科参观苏联人排戏，为了表演"跳水"，先让几个人扯着一大块白布使劲抖动，形成"水波"，然后让演员从布上的一个洞跳进去，再从另一个洞钻出来，才能完成表演。相比之下，京剧的《打渔杀家》就简单多了，只要演员将身体上下起伏，就可以表示水的波浪。说到这里，坐在沙发上的梅兰芳仅仅作了几个动作，就把人在水中的样子表现得淋漓尽致。

丰子恺对于京剧的这种象征的表现很赞同，因为这与他漫画的省略的笔法相似。他画人物，脸孔上大多只画嘴巴而不画眉目，有时连嘴巴也不画，相貌全让你想象出来。评论家却说他的画

"寥寥数笔，神气活现"；有的甚至以"丰子恺不要脸"为题来调侃他的漫画艺术是"独创一格"。可见，象征手法的运用不仅使艺术的表现趋于简单，还可以为观众留下丰富的想象空间。

临别前，丰子恺送给梅兰芳一把亲自题画的扇子。扇面是根据苏曼殊的诗句"满山红叶女郎樵"而作，题词内容则是弘一法师在俗时所作的《金缕曲》词：

> 秋老江南矣。忒匆匆，春余梦影，樽前眉底。陶写中年丝竹耳，走马胭脂队里。怎到眼都成余子？片玉昆山神朗朗，紫樱桃，慢把红情系。愁万斛，来收起。
>
> 泥他粉墨登场地。领略那英雄气宇，秋娘情味。雏凤声清清几许，销尽填胸荡气。笑我亦布衣而已。奔走天涯无一事，问何如声色将情寄？休怒骂，且游戏。

对梅兰芳高尚人格和艺术天赋的敬仰，可以说是丰子恺成为"梅迷"的主要原因。

1949年以后，梅兰芳居北京，丰子恺每次赴京参加会议也总要与其会面。

1961年8月8日，梅兰芳逝世，当天的晚报登载了这一消息。傍晚，丰子恺正在饮酒，闻此消息，仿佛晴天霹雳，使他停止了饮酒。当日，他便前往兰心大戏院吊唁，并作《梅兰芳不朽》一文，载于8月14日的《解放日报》。其文曰："我深为悼惜，因为我十分敬仰他。我之所以敬仰他，不仅为了他是一个才艺超群的大艺术家，首先为了他是一个光明磊落的爱国志士……他的美妙的艺术永远保留在唱片和电影片中，永远为人民大众所宝爱；他的爱国精神，永远给我们以教育。梅兰芳不朽！"

1961年8月14日，上海文学艺术界在上海艺术剧场举行梅兰芳追悼会。8月22日，丰子恺又作《怀梅兰芳先生》，作为在座谈会上的发言稿，此文载于《上海戏剧》。1962年8月6日，丰子恺又作《威武不能屈——梅兰芳先生逝世周年纪念》。

日月忽其不淹兮，春与秋其代序。
惟草木之零落兮，恐美人之迟暮。

丰子恺写道，梅兰芳与世长辞，"使艺术界缺少了一位大师，祖国丧失了一个瑰宝"；然而"英雄自古谁无死？留取丹心照汗青"，梅兰芳的威武不能屈的英雄精神，长留青史，永铭人心。春秋代序，草木可以零落，但此美人永远不会迟暮。

这样一位有气节的艺术大师，值得丰子恺从杭州去上海"追星"，也值得他浓墨重彩地书写。在他记人的随笔里，除了弘一法师之外，专门写梅兰芳的篇幅之多，也是少有的。

1947年，丰子恺（右一）与梅兰芳（右二）等人在上海梅兰芳思南路寓所的合影

南　游

丰子恺在杭州过了一年多闲居的生活，虽然相对自由、舒畅，但是生活无着，只好以卖画卖文为生。每天为生活作画，得过且过，终觉不是长久之计，尤其是他原计划续作《护生画集》第三集，却一直无暇顾及，心里很着急。最让他忧心的还是时局，眼看国民党统治下的中国，一心打内战，政治腐败，横征暴敛，通货膨胀，民不聊生。

1948年1月，丰子恺致函在新加坡的广洽法师。他在信中说："弟复员后，家园尽毁，在西湖边租屋而居。复因十年奔走，身体衰弱，不能任教课。故返杭以来，卖字画为生，一年于兹。虽不登广告，然旧友颇多，辗转介绍，嘱书画者，最近较多。生活草草维持，但无有余资耳。最抱歉者，复员即思续绘'护生画'第三集。（弘师遗言，须画至六集止。弟誓必实行。）只因日日为生活作画，至今竟尚未完成。但望今后半年内，必须完成。"

3月11日，他又致函广洽法师，信中对时局颇为担忧："国内生活飞涨，民不聊生，来日甚可忧虑。"

8月12日，丰子恺的好友朱自清在贫病交加中去世。噩耗传来，丰子恺悲痛难禁，噙着泪水愤愤地说："佩弦死了，这么好的人。这年头，坏人不死，专死好人。"

丰子恺看到了太多社会的不公与百姓的苦难，创作了许多鞭挞社会黑暗、反映民间疾苦的漫画与随笔，如《乱世做人羡狗猫》《屋漏偏遭连夜雨》《口中剿匪记》等。

眼前这三秋桂子、十里荷花的西子湖，因丑恶的人间大煞风景，已不堪久留。周围发生了许多不愉快的事情，令丰子恺烦恼，无法呼吸。他决定出去走走，换换环境。

这时候，丰子恺的老友、开明书店老板章锡琛打算到台湾去开分店，邀请丰子恺同游台湾，丰子恺欣然同意。这年暑假，女儿一吟恰好毕业，丰子恺便带了她同游台湾。

1948年9月28日早上，丰子恺与章锡琛一家搭"太平轮"抵达台湾基隆港。这是丰子恺第一次踏上宝岛台湾的土地。从基隆到台北后，章锡琛一家在开明书店住下，丰子恺父女住在附近的文化招待所。

在台北，丰子恺遇到了不少新旧朋友。学生萧而化一家，自萍乡一别后，在台北又与他相见，分外欢喜。还有老友钱歌川，当时在台湾大学任教。开明书店的刘甫琴等人，也都与丰子恺朝夕相处。大家一起喝酒闲谈，说古论今，热闹而快乐。美中不足的是，台湾没有他爱喝的绍兴酒。在上海的学生胡治均得知后，马上买了两坛绍兴花雕酒，托人带到台北。丰子恺大喜，在开明书店举行了一次"绍酒宴"，让江南去的朋友过了一次酒瘾。

1948年10月的一天，丰子恺在台北中山堂举行了个人画展。作家谢冰莹临场观画，劝他在台湾定居，他笑答："台湾是个好地方，四季如春，人情味也很浓。只是缺少一样东西，我不能定居。"谢冰莹问是什么东西，丰子恺颇为幽默地说："绍兴酒！"在场的人都应声而笑。

丰子恺在台湾，应酬、游览、讲演、办画展，忙忙碌碌，几乎没有一刻空闲。但他还是忙里偷闲，去了风景胜地草山游玩，还在美丽的阿里山观赏三千年神木，在日月潭山顶的湖中泛舟、观景。"莫言千顷白云好，下有人间万斛愁。"那一刻，丰子恺看到的是现实的人间世，台湾与杭州也没有什么两样。

在台湾逗留了近两个月，丰子恺等于11月23日渡海来到厦门，住在内武庙街青年友人黎丁（黄恢复）家。

之前，丰子恺致函广洽法师，告知自己将于近日动身自台北返回厦门，希望能与广洽法师在厦门会面。正好这一年广洽法师要来厦门南普陀寺参加传戒大会，他们就相约在该寺相会。早在1931年，弘一法师就曾写信介绍厦门南普陀寺的广洽法师与丰子恺通信。从此两人开始通信，时间长达十七年之久，却直到这一年才得以初次会面。

弘一法师在南普陀寺住过很久，在瑞今法师、广洽法师协助下创办佛教养正院。丰子恺到厦门后，第一件事就要是瞻谒先师

167

弘一法师的故居。那天，丰子恺在广洽法师引导下，参谒了弘一法师住过的阿兰若处及其手植的柳树。丰子恺伫立树旁，沉吟良久，百感交集，徘徊不忍离去。后来，他作《今日我来师已去，摩挲杨柳立多时》一画赠广洽法师。

丰子恺还参观了弘一法师创办的佛教养正院。广洽法师要丰子恺为养正院题写对联，他集唐人诗句写了"须知诸相皆非相，能使无情尽有情"一联。他认为这副对联挂在佛教养正院里很合适，因为上联说佛经，下联说艺术。

11月28日，丰子恺应厦门佛教协会邀请，在寿山岩以《我与弘一大师》为题发表了讲演。

他还在此行中认识了厦门大学哲学系教授、佛学家、书法家虞愚，并应厦门大学邀请，发表了题为《艺术的精神》的讲演。

就在这年冬天，丰子恺由黎丁、一吟陪同，赴安海，住在弘一法师当年住过的水心亭。后由代表泉州佛教协会会长龚念平的沈继生迎往泉州，下榻五屏巷同乐会宾馆。他还去了温陵养老院，参拜弘一法师骨灰塔和晚晴室，坐在老师圆寂的床上拍照留念。又到弘一法师最后讲经处的纪念碑前瞻仰，还参谒了法师讲经的大开元寺。丰子恺在明伦堂文化界欢迎会上发表了题为《人生的三个境界》的演说，还在泉州大光明戏院做了题为《广义的艺术》的演讲。

丰子恺在厦门，所到之处均举行了演讲和画展，受到了热烈欢迎。南国的天时、地利、人和均令他留恋。他有意定居厦门，便给杭州家中去信。这时，长子华瞻已赴美留学，次女林先早已成家，宁馨奉母居杭州，唯陈宝于年底前来到厦门，在双十中学任教。妻子力民安排好杭州的旧家后，带着次子元草、幼子新枚于1949年1月迁来厦门。因为内武庙街房子太小，黎丁在古城西路43号找到了一座三开间楼房，两家一同迁入新居，丰子恺家住楼上，黎丁家住楼下。丰子恺在此闭门三月，完成了《护生画集》第三集的创作。

不久，解放军在淮海战役中获胜，大军即将南渡长江。好友叶圣陶自北方来函，劝丰子恺趁早北返江南。丰子恺被叶圣陶的信打动。他曾对长女陈宝说过，他虽然喜欢四季如春的南国，但更怀念四季有别、春红秋艳的富有诗情画意的江南。由于原本就有重回江南之意，这时他便决定与家属返回江南。但他还有一桩心事未了：为报师恩，为践诺言，他决定在弘一法师七十冥寿时完成七十幅护生画，如今画已完成，前两集都是由弘一法师亲笔题字，但这第三集找谁题字呢？开明书店的章锡琛建议他到香港去找叶恭绰先生题字。于是，丰子恺决定赴香港，一来请叶先生题字，二来举办画展，筹措一笔经费回江南安居。

幸蒙叶恭绰慷慨允诺，丰子恺于1949年4月2日在厦门登上"丰祥轮"赴香港。临行时，厦门的文艺界人士及好友到码头送行，其盛况惊动了一船旅客。

抵达香港后，丰子恺得到了叶恭绰、黄般若、《星岛日报》总编辑沈颂芳等人的帮助，举办了三次画展，还在培正中学做了题为《青年对于艺术修养》的演讲。叶恭绰很快将《护生画集》第三集的七十幅字都写好了。丰子恺便于4月23日自香港乘飞机，在隆隆炮声中返回上海，迎接解放。此前，丰子恺的家属也已由厦门回到上海。

丰子恺（站立者前排左二）在厦门南普陀寺与广洽法师等人的合影

第六章

缘尽　最忆是杭州

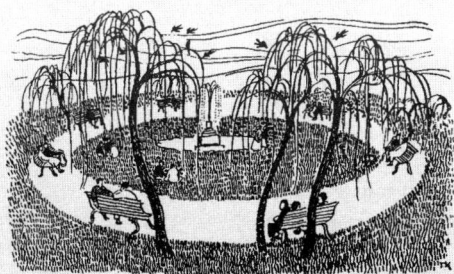

新中国成立后，丰子恺全家定居上海。他仍时常在春秋佳日去杭州游玩会友，写生画画，创作了许多优秀的艺术作品。三秋桂子，十里荷花，垂杨拂行舟。这个哺育丰子恺艺术生命的第二故乡，依然是他足迹常至的地方。1973年，他去了一次杭州，见了杭州最后一面。

阅尽沧桑六十年

1949年4月23日，丰子恺自香港乘飞机在隆隆炮声中返回上海，迎接新中国的成立。他回到上海后，暂住学生张心逸家，后在同一条弄里觅得一屋落脚。

5月27日，上海解放，红旗飘扬在上海的上空。丰子恺亲眼看到解放军进城纪律严明，大受感动。他兴奋地对家里人说："旧社会有一句话：好男不当兵，好铁不打钉。这句话现在不适用了。解放军为正义而战，当兵的个个是好男！以前被称为东亚病夫的中国人从此振作起来了！我们的国家前途无限光明！"

7月4日，为避国民党飞机的轰炸，应万叶书店主人、学生钱君匋之邀，丰子恺迁至卢湾区南昌路邻园村43弄76号万叶书店楼上。寓居邻园村期间，他为万叶书店创作了《绘画鲁迅小说》。

8月25日，丰子恺致函夏宗禹："我觉得现在参加人群，比以前自由得多……以前社会上那些人鬼鬼祟祟，装腔作势，趋奉富贵，欺凌贫贱……那些丑态我看不惯，受不了，所以闭门不参加一切团体。（你记得么，南充开画展时，那姓奚的资本家……我真厌恶！）现在出门，大家老老实实，坦白直率，衣服穿得破些也无妨。（以前我最讨厌此事，因为我不爱穿好衣，而社会上'只问衣衫不问人'。）说话讲得直率些也无妨，实在比从前合理得多，放心得多，所以我私生活也已'解放'了。"

1950年春，丰子恺从邻园村迁至位于福州路671弄7号的章锡琛旧宅，在此一住四年。章锡琛是丰子恺的老友，章已迁往北京。从这个时候开始，丰子恺勤学俄文，之后翻译大量俄国文学、音乐、图画作品。

1950年4月15日，上海市第三届人民代表大会揭幕，出席大会的文艺界人士有于伶、白杨、周信芳、熊佛西、丰子恺等四十三人。7月，上海市文学艺术工作者第一次代表大会召开，宣告上海市文学艺术界联合会正式成立，夏衍任主席，冯雪峰、巴金任副主席，丰子恺也出席大会。10月，全国文联发出《关于文艺界展开抗美援朝宣传工作的号召》。11月18日，上海市抗美援朝分会成立。会后，上海文艺界的抗美援朝运动有了更大的发展，丰子恺也积极参加，投身其中。

1951年4月，作为上海文艺界代表，丰子恺参加上海市第二届各界人民代表会议第二次会议并发言。在这次会议上，丰子恺响应陈毅市长的号召，表示音乐美术界将有计划、有步骤地提高思想认识，"多多创作为生产服务，为工人阶级服务的美术音乐作品"。

1954年9月1日，丰子恺一家迁居陕西南路39弄（又名长乐村）93号。从这一年开始，一直到1975年逝世，丰子恺在这里住了二十一年。

寓所二楼有封闭式阳台，阳台中部有一个梯形凸口，东南、正南、西南都有窗，上方还有天窗。丰子恺有时以阳台为书房，有时把书房设在内室，以这里为起坐间。这里白天可以看到太阳，夜晚可以看到月亮，故而他把书房取名为"日月楼"。他说："这个楼名不仅表示室中可以望见日月，而且有解放后遍地光明、日月普照的含义。"他内心欢喜，不禁吟出"日月楼中日月长"之句，希望在这里度过这悠长的余年，创作出更多的作品来。这又是一副对联的下联，正缺上联。

其时，马一浮居杭州，任浙江省文史馆馆长，与丰子恺常有机会见面。马一浮为这下联配了一句上联"星河界里星河转"，并用篆书为丰子恺写了这副对联，送给他挂在日月楼上。这件墨宝，一直伴随着丰子恺的晚年。丰子恺自己则写下"日月楼"三字作为横批。

1954年，丰子恺开始担任中国美术家协会常务理事，上海美术家协会（原华东美术家协会）副主席，其间曾到杭州、南京、苏州、镇江、扬州等地游玩。

1957年开始，丰子恺担任上海市政协委员、上海外文学会理事。1958年2月，全国文联及所属各协会、各研究会分别召开会议，讨论文艺创作"大跃进"问题。3月，丰子恺写下陈毅市长所撰对联"彻底改造自己，将心交与人民"，作为自己的座右铭。

1960年6月20日，上海中国画院正式成立，丰子恺担任首任院长，副院长为王个簃、贺天健、汤增铜。7月，丰子恺开始担任中国对外文化协会上海分会副会长。8月13日，在全国第三次文代会上，于伶、丰子恺、巴金、白杨等文艺界人士被选为第三届全国文联委员会委员，丰子恺因病未能赴北京参加文代会。

1961年9月27日，丰子恺作《日月楼秋兴诗》：

> 袅袅秋风起，高楼日月长。
> 窗明书解语，几净墨生香。
> 丛菊迎朝日，寒蝉送夕阳。
> 夹衫新得宠，团扇渐相忘。
> 软玉灯前静，青纱帐里凉。
> 长河低入户，明月近窥窗。
> 一枕寻新梦，三杯入醉乡。
> 诗情秋更逸，何用惜春光？

1962年5月8日，上海市文艺工作者第二次代表大会在上海召开，大会选举出上海市文联主席巴金，副主席于伶、丰子恺、周信芳和赵丹等人。丰子恺在会上做了发言，题为《我作了四首诗——在上海第二次文代大会上的发言》，载5月12日的《解放日报》。他表示，拥护"百花齐放、百家争鸣"的文艺方针，反对用大剪刀剪冬青树强求一律的办法，他要求让小花、无名的花也好好开放。"既然承认它是香花……最好让它自己生长，不要'帮'它生长，不要干涉它。……株株冬青，或高或矮，原是它们的自然姿态……但有人用一把大剪刀，把冬青剪齐，仿佛砍头，弄得株株冬青一样高低，千篇一律……倘使这些花和冬青会说话，会畅所欲言，我想它们一定会提出抗议。"丰子恺的发言，博得会场上一阵热烈的掌声。

1962年5月12日，中国美术家协会上海市分会召开第二届会员大会，推选丰子恺为主席。

1963年12月，《丰子恺画集》由上海人民美术出版社出版，收入了他1956年以来陆续发表的作品。他以诗代序，回顾了自己大半生的创作历程，又表明了他为新社会作画的态度。

> 阅尽沧桑六十年，可歌可泣几千般。
> 有时不暇歌和泣，且用寥寥数笔传。
>
> 泥龙竹马眼前情，琐屑平凡总不论。
> 最喜小中能见大，还求弦外有余音。
> ……

丰子恺在日月楼阳台沙发上

人民的西湖

　　丰子恺定居上海后，积极参加各种社会活动。每年春秋佳日，他就坐五六小时的火车去杭州游西湖。有时身体不适，他也会去杭州疗养几个月，一方面治病，一方面借机会一会朋友，游一游西湖。他看到西湖，想到西湖，似乎病就好了一大半。

　　西湖有丰子恺百看不厌的景致，他用生花妙笔画西湖、写西湖，赞美西湖。

　　春天是西湖最美丽的季节。丰子恺很小的时候曾听乳母唱赞美西湖的歌："西湖景致六吊桥，间株杨柳间株桃……"那时，他就觉得神往。后来在西湖边求学，在湖上做"寓公"，经过数十寒暑，他依然觉得西湖的春天真可爱。

　　新中国成立后，丰子恺也常常来西湖。他认为："西湖的最美丽的姿态，直到解放之后方才充分地表现出来。解放后每年春天到西湖，觉得它一年美丽一年，一年漂亮一年，一年可爱一年。"

1958年的春天，丰子恺到杭州养病。刚从病院出来，不能随众人到西湖去游春，他便坐在屋子里和读者做笔谈，深情地写下了《西湖春游》一文。他写道：

> 旧时代的西湖，只能看表面（山水风景），不能想内容（人事社会）。换言之，旧时代西湖的美只是形式美丽，而内容是丑恶不堪设想的。

> 譬如说，你悠闲地坐在西湖船里，远望湖边楼台亭阁，或者精巧玲珑，或者金碧辉煌，掩映出没于杨柳桃花之中，青山绿水之间。这光景多么美丽，真好比"海上仙山"！然而你只能用眼睛来看，却切不可用嘴巴来问，或者用头脑来想……因为这些楼台亭阁的所有者，不是军阀，就是财阀；建造这些楼台亭阁的钱，不是贪污来的，便是敲诈来的，剥削来的！于是你坐在船里远远地望去，就会隐约地看见这些楼台亭阁上都有血迹！隐约地听见这些楼台亭阁上都有被压迫者的呻吟声——这真是大煞风景！这样的西湖有什么美？

在旧时代，要欣赏西湖的美，只得勉强摒除一切思想，而仅看西湖的表面，如古人说的："小亭闲可坐，不必问谁家。"只能不问谁家，但享美景。

丰子恺想起在浙一师时，李叔同曾经为西湖作的一首歌词：

看明湖一碧，六桥锁烟水。塔影参差，有画船自来去。垂杨柳两行，绿染长堤。飏晴风，又笛韵悠扬起。

看青山四围，高峰南北齐。山色自空濛，有竹木媚幽姿。探古洞烟霞，翠扑须眉。雪暮雨，又钟声林外启。

大好湖山如此，独擅天然美。明湖碧，又青山绿作堆。漾晴光激滟，带雨色幽奇。靓妆比西子，尽浓淡总相宜。

这首歌词几乎全部是描写风景，绝不提及人事。那时候西湖边上盘踞着许多贪官污吏、市侩流氓，风景最好的位置都被这些人的私人公馆、别庄所占据。倘使提及人事，这西湖的美景势必完全消失，而变成种种丑恶的印象。所以李叔同作这歌词的时候，掩住了耳朵，停止了思索，而单用眼睛来观看，仅仅描写眼睛所看见的部分。这样，六桥烟水、塔影垂杨、竹木幽姿、古洞烟霞、晴光雨色，就形成了一种美丽的姿态，好比靓妆的西施活美人了。这仿佛是自我麻醉，自我欺骗。

旧时代的西湖春游，还有一种更切身的苦痛，便是西湖上的社会秩序混乱。游西湖的主要交通工具是游船，即杭州人所谓的"划子"。划子一向入诗、入词、入画，是再风雅不过的东西，从红尘万丈的都市里来的人，坐在划子里荡漾湖中，真有"春水船如天上坐"的胜概。于是划划子的人就奇货可居，你要坐划子游西湖，先得鼓起勇气来，同划划子的人做一场斗争、一番讨价还价，然后怀着余怒坐到划子里去"欣赏"西湖景致。可这样一来，哪还有什么情致可言？

新中国成立后就不一样了。有一年，丰子恺到杭州，觉得西湖有些异样：湖滨栏杆旁边那些馋涎欲滴的划子手不见了，讨价还价的斗争也没有了，只看见秩序井然的售票处和和颜悦色的舟子。名胜古迹中逐客的茶盘也不见了，到处明山秀水，任你逍遥盘桓。这一次，他才十足地享受了西湖春游的快美之感！

"西子蒙不洁，则人皆掩鼻而过之。"新中国成立前数十年间，丰子恺每逢游湖，就想起这两句话。新中国成立之后，这西子"斋戒沐浴"过了，不但独擅天然美，又独擅人事美，真可谓尽善尽美了！

丰子恺写到这里，心儿早已飞驰到六桥、三竺之间，神游于山明水秀、桃红柳绿之乡。

他在《杭州写生》一文中说："我的老家在离开杭州约一百里的地方，然而我少年时代就到杭州读书，中年时代又在杭州作'寓公'，因此杭州可说是我的第二故乡。"他的一生，一直都与杭州有着极其密切的联系，他本人对杭州也怀有美好的感情。杭州有西湖，对于爱好艺术、钟情画画的丰子恺来说，西湖给了他艺术的灵感，给了他美的源泉。

从在浙一师读书的时候起，丰子恺就爱上了画画，尤其喜欢画人物，而画画自然要写生，写生的对象大部分是杭州的人物。那个时候，他常常带了速写簿到湖滨去坐茶馆，挑一个靠窗的栏杆边，对着马路上的人物写生。延龄路（今延安路）上车水马龙，行人如织，都是他写生的模特儿。后来，他寓居杭州，也常常到湖边写生或写作，西湖风景经常在他笔下出现。

　　再后来，抗战全面爆发，丰子恺离开杭州，辗转大半个中国。等到新中国成立后，丰子恺返回江南，已是老花眼、白发生，便很少写生了。因为老花眼看近处必须戴眼镜，看远处必须摘下眼镜，而写生时又必须远处看一眼，近处看一眼，这样戴眼镜也不好，不戴也不好。一定要写生时，他只好把眼镜搁在眼睛底下、鼻子上面，好像滑稽画里的老头子。这对一个爱写生画画的艺术家来说，是极痛苦的事。但他在西湖边游玩的时候，往往故态复萌，看到西湖新美景，不免要摸出笔记簿子来画几笔。

　　让丰子恺惊喜的是，如今在西湖上写生，和从前在西湖上写生的情形完全不同。从前，他在西湖边写生时，碰到过让他十分狼狈的事。有一次，他看见一个老妇和一个少妇坐在湖滨，姿态很好，就立刻摸出速写簿来写生。谁知，老妇瞥见后，一把拉起少妇就跑，同时嘴里喃喃地骂。少妇临走时还白了他一眼，"呸"地吐一口唾沫，仿佛是被他调戏了一样。他在湖边写生时，还常常有许多闲人围着看，如看戏法一样，评长论短，挡住他的视线，弄得他画不下去。而现在情况不同了，被画的人知道是写生，不讨厌，也不会吐唾沫，甚至还会给他方便。

　　有一次，丰子恺坐在湖滨的石凳上，看见一个老舟子坐在船头吸烟，姿态极佳，丰子恺就对着他写生。老舟子衔着旱烟筒悠然地看山水，似乎没有发觉有人在画他。忽然一个小女孩跑来大叫一声："爷爷！"那老舟子并不向丰子恺回顾，却喝住小女孩："不要叫我，他在画我！"原来他早就知道了。可见，新中国成立后，人们知识都增加了，思想都进步了，态度也变好了。

赶上建设新中国的好时代，丰子恺画了许多关于西湖的画，如《人民的西湖》，画的是新中国成立后的西湖风光，游船售票处秩序井然，人们悠然自得的样子。他还画了新旧对比的作品，如《旧时代的西湖》，画的是一个乞丐，在湖边乞讨；而描绘新西湖的《湖滨之晨》，则展现了人们安居乐业的新生活。这些都是丰子恺晚年的写生名作。

丰子恺漫画《湖滨之晨》

丰子恺漫画《人民的西湖》

蒋庄客梦

　　杭州花港公园东大门附近有一个闹中取静的去处，那便是蒋庄。蒋庄原为无锡人廉惠卿所建，名小万柳堂，旧称廉庄。清宣统年间转售给南京人蒋苏庵，蒋得此楼后，改建屋宇，并将小万柳堂易名为兰陔别墅，俗称蒋庄。1950年4月，马一浮移居于此。这是一幢中西合璧的两层楼房，四周回栏挂落走马廊，与西楼相接。东楼正面重檐，南北观音斗式山墙。

　　丰子恺定居上海后，几乎每年都要去杭州好多次，每次去，必定要到蒋庄访马一浮。马一浮是丰子恺平生最崇拜的人之一。

　　自从在浙一师时跟着李叔同去陋巷拜访过马一浮后，丰子恺此后的人生都受着马一浮的影响。虽然聚少离多，但只要有机会，丰子恺便紧紧追随，聆听马一浮的教诲。从桐庐负暄到桂林小聚，从乐山谈艺到门对孤山，有马一浮在的地方，他总觉得心思明亮。

即使不在一处，两人依然时时有书信往来。而丰子恺住的地方，亦时时可见马一浮的印记。石门湾缘缘堂、重庆沙坪小屋、杭州湖畔小屋、上海日月楼……丰子恺的每一处居所，都少不了马一浮的题额或对联相伴。

　　缘缘堂新屋造好后，南向的三间，中央铺大方砖，正中悬挂马一浮写的堂额。抗战时期，马一浮为丰子恺在重庆的沙坪小屋题赠过一副对联："藏胸丘壑知无尽，过眼云烟是等闲。"抗战胜利后，丰子恺回到杭州，居静江路湖畔小屋，对面是孤山北麓林和靖的放鹤亭。屋里挂着一幅丰子恺和朋友合撰的对联："居临葛岭招贤寺，门对孤山放鹤亭。"马一浮也赠他一副对联，上联为"天清"，下联为"地宁"。丰子恺定居上海，马一浮为其居所日月楼撰写上联"星河界里星河转"，与丰子恺自撰下联"日月楼中日月长"相匹配。马一浮书写后，将对联送给丰子恺，丰子恺一直将它挂在日月楼中，它陪伴着晚年的丰子恺写作画画。从这些细节可以看出丰子恺对马一浮的崇敬与追随。

　　1953年，浙江省文史研究馆建立，马一浮为首任馆长，后又担任过全国政协委员等职。他很少为俗务打搅，多数时间就在家中安心著书立说。

　　广洽法师欲刊印马一浮的墨迹，丰子恺将其意转告马一浮，但马一浮拒绝了广洽法师的好意。1961年6月23日，丰子恺致函广洽法师，信中写道："彼坚不欲刊印墨宝，足见其对世间名利恭敬，视若浮云。其高洁诚可叹佩……"

　　1967年6月2日，"一代儒宗"马一浮在杭州逝世，终年八十五岁。丰子恺得知消息后，心里极为悲伤。

丰子恺在学生胡治均的陪同下，于1973年3月有过一次杭州之行。这是他生前最后一次去杭州，冥冥中有诀别之意。那一回，胡治均有意让丰子恺到蒋庄凭吊马一浮。然而，他们刚走到花港观鱼的御碑旁，丰子恺忽然停住脚步不想往前走了。他对胡治均说："我不去了，你去看一看就来，我在这里等你。"随后，他自言自语道："人又不在了，看看又有何益。"

是的，没有了马先生的蒋庄，对于丰子恺来说，还有什么意义呢？睹物思人，徒增伤感罢了。

当胡治均从蒋庄出来回到丰子恺身边的时候，丰子恺对胡治均讲了这样一件事：马先生出身书香门第，祖上都是精研程朱之学的。岳父汤进士，曾在浙江做过大官，也是一个讲究封建礼法的人。马先生与汤氏夫人新婚宴尔，十分恩爱。不久，家中死了长辈，就在守孝期间，新娘子腹中有了喜。这一喜可惹出弥天大祸来了。在这样一个最重封建礼教的大家庭里，如果将孩子生出来，就会被视为非礼之行，大逆不道。马先生和新夫人万分焦急，出于无奈，只得叫人偷偷访得打胎之药，胡乱服下，新夫人不幸中毒身亡。马先生在极度痛楚之中，感到万分内疚，矢志不再续弦，以报爱妻，从此孑然一身，专心研究理学、佛学，终其一生。最后，丰子恺说："汤氏夫人被封建礼教所杀，真是可怜！马先生矢志不娶，对爱情如此专一，弥足可敬！但这毕竟是一场悲剧。"

岁月悠悠，一晃五十多年，马一浮走了，丰子恺也走了，当年的蒋庄现辟为马一浮纪念馆，馆内陈列着马一浮的生平事迹和著作、手迹。墙上有一张丰子恺与马一浮的合影，照片摄于1962年。看着这张照片，似乎又能听见两位高士充满禅意的清谈了。

远处湖光山色，画舫点点，西湖依然故我。夕阳照在这座中西合璧的小楼上，特别绚丽。湖边老树婆娑，晚风轻吹叶落。马一浮若是见到此番光景，恐怕又会吟起禅意浓浓的诗。而丰子恺若是见了，自然又要摸出速写簿来画画了吧。

树无语，水无语，湖山依旧，蒋庄依旧。

1962年，丰子恺（右）与马一浮（左）在杭州蒋庄

筑塔虎跑报师恩

丰子恺定居上海后，仍时常去杭州，除了去拜访马一浮，还有一件心事未了，那就是要在杭州建弘一法师纪念塔。

建塔之事，也是好事多磨，经过了许多曲折。因弘一法师生前嘱咐不得为身后事募化，佛教界内部不便违逆弘一法师之愿而自行募款建塔立碑。基于这种情况，丰子恺下决心独力立碑。

得知这一消息，钱君匋、章锡琛、叶圣陶、黄鸣祥、蔡吉堂等纷纷支持，与丰子恺合力筹款。1953年9月，终于在杭州虎跑后山开始为弘一法师筑舍利塔。

1954年1月10日，弘一法师舍利塔落成。这一天，马一浮、丰子恺以及蒋庄主人蒋苏庵等二十多人冒雨参加落成典礼。舍利塔身上的"弘一大师之塔"六个篆字为马一浮所题。马一浮还作有《虎跑礼塔诗》一首，表达了人们对弘一大师的无限怀念之情。

诗曰：

> 扶律谈常尽一生，涅槃无相更无名。
> 昔年亲见披衣地，此日空余绕塔行。
> 石上流泉皆法乳，岩前雨滴是希声。
> 老夫共饱伊蒲馔，多愧人天献食情。

丰子恺请沪上画家画了一幅弘一法师遗像，又请几位画家合作了两幅山水风景画，自己又写了一副对联，挂在石塔下面的桂花厅上。

此塔在"文化大革命"时曾被推倒，后又重新立起。

丰子恺定居上海后，生活相对安定，他为纪念弘一法师还做了许多事情。

丰子恺于1957年编了《李叔同歌曲集》，1958年1月由北京音乐出版社出版，所得稿酬全部用于增修弘一法师之塔所需。1957年，值弘一法师逝世十五周年，广洽法师辑集有关弘一法师在家时热心文教工作的论著，在新加坡出版了《弘一大师纪念册》，丰子恺为之作序。1956年至1957年间，丰子恺又连续写下了《中国话剧首创者李叔同先生》《先器识而后文艺》《李叔同先生的爱国精神》《李叔同先生的教育精神》等缅怀文章。

弘一法师舍利塔落成后，丰子恺曾希望有机缘在塔下造一个弘一法师纪念馆。1958年5月22日，丰子恺致函广洽法师，告知其建造弘一法师纪念馆一事已获政府批准，地点在杭州虎跑寺内，将钟楼作为馆址，其经费可由弘一法师生前友人筹集。

1958年7月4日，丰子恺再次致函广洽法师，拟成立弘一法师纪念馆筹备委员会，拟由广洽法师、吴梦非、丰子恺、朱幼兰、黄鸣祥、罗良能、丰一吟、马一浮、黄炎培、叶绍钧、堵申甫、李鸿梁、刘质平、许钦文、宝云法师等十五人组成。由广洽法师在南洋筹款，由丰子恺主其事。纪念馆后因故未能建成，大家决定将所筹款移作出版《弘一大师遗墨》之用。1962年，由广洽法师捐款，丰子恺编的《弘一大师遗墨》在上海印行。

1962年7月28日，丰子恺致函广洽法师，表示从此日起绘观音像一百帧，广赠信善，以纪念弘一法师圆寂二十周年。

1962年10月2日，丰子恺参加上海佛教信众举办的"弘一大师生西二十周年纪念会"，任主祭人。10月5日，丰子恺又前往杭州虎跑寺祭塔，参加仪式的还有郑晓沧夫妇、田锡安夫妇、吴梦非夫妇、朱幼兰居士、宝云法师、吴中望、黄鸣祥、丰一吟等，并摄影留念。这一次，马一浮因眼疾不便上山，未能参加。丰子恺前往其住处拜访，并合影留念。

1964年10月21日，《护生画集》初集的五十幅画重绘完毕，丰子恺将之寄给广洽法师刊印。1964年，丰子恺又整理夏丏尊编的《李息翁临古法书》作为《弘一大师遗墨》的续集，也由广洽法师募款，在上海印制。

晚年的丰子恺仍本着对先师的尊崇，在艰难困苦中完成了全部护生画的创作。他为报师恩，竭尽全力，也是因缘相续，功德无量。

弘一大师生西二十周年，丰子恺（前排左一）等人赴杭州虎跑寺祭塔

永别了，杭州

　　丰子恺一生中，有过无数次从石门湾到杭州去的经历。去杭城，或坐船，或坐火车，然而每一个阶段，他去杭城的心情都不同。

　　1914年夏，年少的丰子恺随沈家父子搭快班船到了长安，再坐火车来到了省城杭州。这是他第一次到杭州，一路上，他带着憧憬、期待和梦想。

　　1934年夏，丰子恺带女儿陈宝等去杭州投考初级中学，之后便寓居杭州，往来于石门湾与杭州之间。那时候，他常喜欢坐船去杭州，沿途所见，或喜或悲，给了他许多创作的灵感。杭州也成了他名副其实的第二故乡。

　　1937年，抗战全面爆发，不惑之年的丰子恺带着全家逃难。匆匆乘一条小船经杭州，深夜投奔桐庐马一浮处，这时的他仓皇又无助，杭州于他，有难以言说的伤痛。

抗战胜利后，丰子恺已到知天命之年。他在无家可归的情况下，于西湖边觅屋而居，门对孤山，过了两年多的闲居生活，却看到了国民党统治下的种种不平与腐败。这时的杭州也像动荡的时局一样，令他心里不安。于是，他黯然离开杭州南下。

新中国成立后，丰子恺定居上海，而春秋佳日常来杭州。这时，他终于看到了人民的西湖。虽然年老眼花很少写生，但杭州的美景，总令他不由自主地拿起画笔描绘。1959年6月9日，丰子恺作了《杭州写生》一文，并配图两幅，表达他内心对于新中国的欣喜之情。

1973年3月下旬，春暖花开，丰子恺由弟子胡治均陪同赴杭。那次是住在三姐丰满家里。姐弟俩也是好久不见了，有太多话要讲，有太多情要叙。丰满家位于杭州宝石山后，环境怡人。丰子恺经常临窗眺望，眼前山色依旧，隐约听得见黄龙洞清脆的泉声，附近艺术学校传来阵阵悠扬的琴声，令他仿佛回到了从前在浙一师求学时的情境。

这是丰子恺最后一次的杭州之行。冥冥之中他可能预感到以后再没有机会到杭州了，所以玩得很尽兴，似乎是对这片大好湖山的深情告别。在这短短十多天的时间里，他几乎走遍了西湖的主要名胜。他游了灵隐寺，在大雄宝殿前摄影留念。过蒋庄马一浮故居，但没有进去参观，郁郁离去。之后，他又上吴山参观，站在城隍山顶，居高临下一览湖光山色、旧迹遗址。他的《缘缘堂续笔》也是在杭州期间定稿的。

这次杭州之行，丰子恺不做应酬交往，但有一个人例外，那就是他的老友、浙江大学教授郑晓沧。早在20世纪30年代，两人便相识于杭州。抗战时期浙大西迁，郑晓沧曾邀丰子恺任浙大艺术指导，两人遂成莫逆。抗战胜利后，丰子恺全家居杭州静江路湖畔小屋，郑晓沧也一直住在杭州，两人交往更深，常常一起饮酒聚谈。有一封丰子恺给郑晓沧的信，从中可以看出两人交情甚好。

　　晓沧先生：
　　昨夜湖楼畅饮，以诗佐酒，共入酩酊，为西湖增光不少！今晨弟本思走访，恐先生尚有宿醒，未便打扰，即着小女一吟持柬代候。即祝晨安！
　　"相逢意气为君饮，醉倒西湖垂柳边。"戏改唐诗，以博一粲。

弟子恺叩
三月六日晨

此次到杭州，丰子恺独访郑晓沧，饮酒聚聊甚欢。又一日，丰子恺与胡治均来到郑晓沧的住处，不巧郑晓沧到西山公园赏牡丹去了。丰子恺留下"来访未晤"的便条后离去。不久后，他便回到上海，之后两人再没见面。1979年3月，郑晓沧在杭州去世。胡治均在《西湖忆游——追记丰子恺先生最后一次赴杭》一文中，专门提到这次探访。

对丰子恺来说，这是一次不同寻常的出游，和以往历次到杭州不同，这是他对西湖山水的最后告别。回到上海后，丰子恺致函在杭州的丰宁馨，谈到这次游览杭州的感受，非常快活，同时看见三姐情况尚好，也甚为欣慰。他说，上海"一切如常，窗前杨柳青青，也很悦目，终是远不及杭州之清幽也"。

1975年9月15日，丰子恺在上海病逝，再无缘见上杭州一面。

永别了，杭州！无限相思在西湖，载不动，许多愁！

《护生画集》回归杭州

因缘际会，丰子恺与弘一法师酝酿了一个弘扬佛法、鼓吹仁爱、劝人从善的大计划——绘编《护生画集》。

《护生画集》是反映丰子恺佛教思想的主要作品，共六册，四百五十幅图画。《护生画集》从1929年出版第一集到1979年出版第六集，前后历时半个世纪，中间经历了令人无法想象的艰难曲折。

1928年，丰子恺与弘一法师合作《护生画集》初集，共五十幅字画。由丰子恺作画，弘一法师书写题诗，诗画对照，马一浮作序，纂集者为李圆净。李圆净原名李荣祥，广东人，一生虔敬佛教，家境殷实，编辑过许多佛教书籍，为佛教事业做出过许多贡献。

1928年10月，弘一法师致函丰子恺和画集策划者李圆净，对出版《护生画集》提出了具体要求，再三强调："此画集为通俗之艺术品，应以优美柔和之情调，令阅者生起凄凉悲悯之感想，乃可不失艺术之价值。"弘一法师主张，画集中残酷之作品尽量少用。他不但自己写诗文，还亲自将画集重为编订。那年秋天，他专门为此事自温州到上海，与丰子恺、李圆净商量《护生画集》出版事宜。

《护生画集》初集最初的计划只是绘二十四幅就准备付印了。这在弘一法师1928年8月22日给丰子恺的信中有很明确的说明："全集仍旧共计二十四幅。"但弘一法师又在此信中说："此函写就将发，又得李居士书。谓彼画集出版后，拟赠送日本各处。朽意以为若赠送日本各处，则此画集更需大加整顿。非再需半年以上之力，不能编撰完美。否则恐贻笑邻邦，殊未可也……"画集最终以五十幅面世。

1929年2月，《护生画集》初集由上海开明书店、佛学书局等出版发行。

1940年，弘一法师住在福建泉州，丰子恺避寇居广西宜山。为贺弘一法师六十寿辰，丰子恺作画六十幅。画成后，由宜山寄到泉州去请弘一法师书写。当年11月，上海开明书店、佛学书局等印行《续护生画集》，夏丏尊作序。夏丏尊在序言中说："今岁和尚六十之年，斯世正杀机炽盛，弱肉强食，阎浮提大半沦入劫火。子恺于颠沛流离之中，依前例续绘护生画六十幅为寿，和尚仍为书写题词，使流通人间，名曰《续护生画集》。二集相距十年，子恺作风，渐近自然，和尚亦人书俱老。至其内容旨趣，前后更大有不同。初集取境，多有令人触目惊心不忍卒睹者。续集则一扫凄惨罪过之场面。所表现者，皆万物自得之趣与彼我之感应同情，开卷诗趣盎然，几使阅者不信此乃劝善之书。盖初集多着眼于斥妄即戒杀，续集多着眼于显正即护生。戒杀与护生，乃一善行之两面。戒杀是方便，护生始为究竟也。"

弘一法师在给丰子恺的信中说："朽人七十岁时，请仁者作护生画第三集，共七十幅；八十岁时，作第四集，共八十幅；九十岁时，作第五集，共九十幅；百岁时，作第六集，共百幅。护生画功德于此圆满。"丰子恺复信说："世寿所许，定当遵嘱。"

1945年抗战结束，丰子恺回到杭州。他于1948年11月下旬赴福建泉州谒弘一法师圆寂处。他在厦门租屋定居，闭门三月，画成了《护生画集》第三集共七十幅。丰子恺配诗文，由于弘一法师已于1942年去世，故请叶恭绰书写诗文。1950年2月，《护生画集》第三集由苏慧纯居士负责在上海大法轮书局出版。

1960年9月，《护生画集》第四集由广洽法师在海外募款出版，文字由朱幼兰居士书写。

《护生画集》第四集出版后，许多读者给丰子恺寄来不少诗文题材，并盼望《护生画集》第五集能提早出版。1965年，丰子恺检阅画材后，发现离九十幅已不远。广洽法师也来信劝请提早编绘。于是，丰子恺据各方来稿加以润饰，并自作补充，凑齐九十幅，请在北京工作的书法家虞愚居士书写。书画寄交广洽法师集资刊印，于1965年9月在新加坡出版。9月14日，丰子恺致函广洽法师："知《护生画》已妥收，至为欣慰，晚上多喝了一杯绍兴

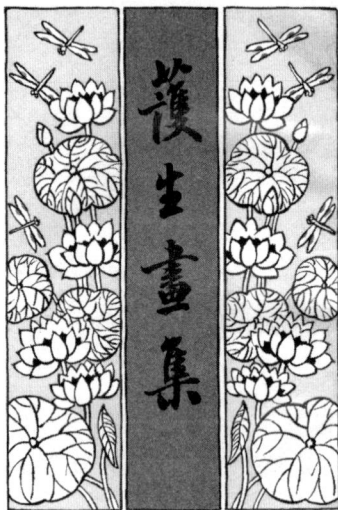

《护生画集》书影

酒。因弟此次特别挂念此稿，深恐二三年来心血付诸洪乔，竟致眠食不安。近闻妥收，且已付梓，大为安心。"

《护生画集》第六集于1973年开始策划。其时正值"文化大革命"，丰子恺受到批判。但他矢志实践对先师许下的诺言，要使六集《护生画集》功德圆满，加之朱幼兰居士甘冒风险代为搜集资料，于是丰子恺每日清晨早起作画，很快完成一百幅。1979年10月，由广洽法师募印，香港时代图书有限公司出版。

《护生画集》第一、二、三集原稿字画在战乱中一度散佚，直到1964年才全部找到。

据丰一吟《潇洒风神——我的父亲丰子恺》载，《护生画集》"第一、二、三集原稿字画，一向散佚在世，无法觅得。自1929年以后，一度战乱频仍，三册原稿是否尚在世间亦不可知。岂知在1964年时竟全部找到。第一集原稿起初由出资刊印者上海某君保存，后辗转流传，到了大法轮书局苏慧纯手中，只是画已损失，只剩弘一大师的文字。第三集字画原稿，1950年出版时用过之后，也由苏慧纯保存。苏居士慷慨捐赠给新加坡薝蔔院。唯有第二集最是来之不易。此册文字也是弘一大师所书。1940年出版时用过之后，先由出资刊印者某君保存，战后因家遭变故，原稿不知去向。1964年秋，丰子恺的私淑弟子上海酿造厂职员朱南田居士竟在旧货摊上发现，文画均已装裱成册，索价昂贵。朱南田长诗词，好书画，心知此乃无价之宝。但家中经济并不宽裕，便将新购沙发卖去，将原稿买下，并以此事告丰子恺。丰子恺喜不自禁。又蒙朱居士将此原稿慷慨捐赠给菩葡院。第一集的画，由丰子恺补画完成。这样一来，五集原稿都完整地保存在菩葡院了。"

1985年9月15日，丰子恺逝世十周年。桐乡石门镇上的丰子恺故居缘缘堂，由广洽法师资助按照原貌重建，举行落成典礼后，对外开放。广洽法师亲自前来参加落成典礼。石门湾万人空巷，大家都争着观看这次盛典。

重建后的缘缘堂，陈设基本恢复旧观。厅内由画家唐云作《红梅图》以代替原来吴昌硕的《红梅图》。赵朴初、华君武、沙孟海、钱君匋、谭建丞等名家都留有墨宝。丰子恺的学生路夫还为缘缘堂专门雕塑了丰子恺半身铜像。从此，来缘缘堂观瞻游览的中外游客络绎不绝。

1985年9月17日，广洽法师离开石门后到了杭州，将六册《护生画集》的字画原稿无偿捐献给浙江省博物馆，并于当日举行了捐赠仪式。

《护生画集》回归，成为浙江省博物馆的"镇馆之宝"，这是杭州的幸运，应该也符合丰子恺的心意。毕竟，杭州是他的第二故乡。

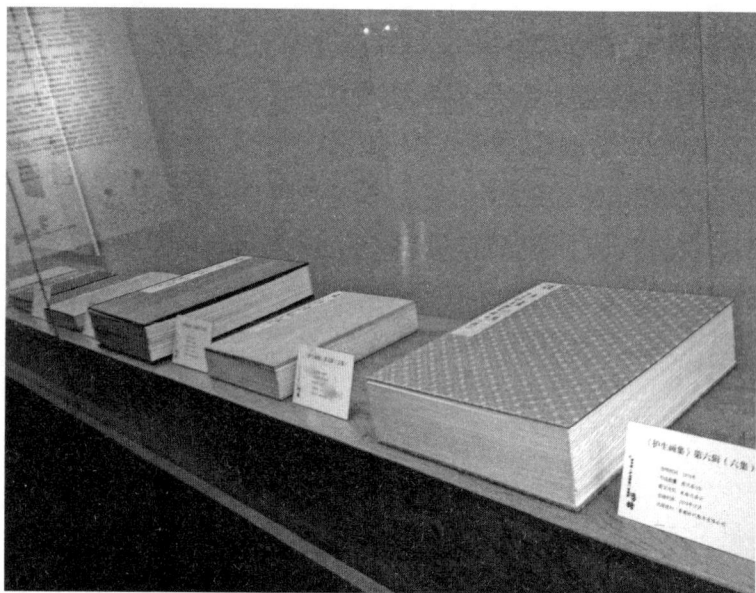

2013年5月，《护生画集》真迹展在杭州举行

如果有来生

　　2013年的一个夏日，桐乡市丰子恺研究会的部分会员来到了美丽的西子湖畔，专程到位于西湖文化广场的浙江省博物馆武林馆区观看"情语——纪念丰子恺诞辰115周年暨《护生画集》真迹展"。人们以前只能阅读这些作品的印刷品，这次能零距离地欣赏《护生画集》真迹，丰子恺的画、弘一法师等的题诗，一一清晰地跃然眼前，实在是很难得、很幸运。

　　整个展览分为"全集概览""戒杀警世""善爱生灵""和谐家园"四个单元，将《护生画集》真迹全六册首次全体展示出来，其观感完全可以用"惊艳"二字来形容。

　　《护生画集》堪称艺术文化之精品。为其作序、跋、题字、写文的就有弘一法师、马一浮、夏丏尊、李圆净、章锡琛、叶恭绰、虞愚、朱幼兰等大家。它的意义早已超出佛学范围，在诗、文、书、画等方面也有其特殊的艺术地位，更为和谐世界的人文建构提供了不可多得的经典范例。画集中的每一笔每一句都如冬阳，让读者从内心里得到启示，获得温暖。诚如马一浮在《护生画集》第一集的序言中云："故知生，则知画矣；知画则知生矣；知护心则知护生矣。吾愿读是画者，善护其心！"

看着这些熟悉的画作与诗文的真迹，人们会再一次被它们深深感动。艺术家笔下提倡的仁爱、戒杀、劝人从善，建立人与动物平等的观念，促进人与自然的和谐发展，在当下的中国尤其可贵与必要。建设美丽中国，更需要我们护生、惜物，促进生态平衡，这正是21世纪人类祈求和平与和谐发展应有的认识和觉悟。举办这样的展览，确实意义深远。

看完展览，大家又驱车去了丰子恺的母校——浙一师旧址，现在的杭州高级中学参观。校史陈列室里展示着这座百年名校的辉煌历史。

> 人人人，代谢靡尽，先后觉新民。
>
> 可能可能，陶冶精神，道德润心身。
>
> 吾侪同学，负斯重任，相勉又相亲。
>
> 五载光阴，学与俱进，磐固我根本。
>
> 叶蓁蓁，木欣欣，碧梧万枝新。
>
> 之江西，西湖滨，桃李一堂春。

这首由夏丏尊作词、李叔同谱曲的校歌，蕴含了经亨颐校长主持下的浙一师的教育理念——以人为本，与时俱进。在倡导创新教育的旗帜下，浙一师成为浙江新文化运动的中心，近现代中国诸多名家大师的人生驿站，诸多先驱志士、文化名流、科技精英启航的港湾，享誉全国的江浙"四大名中"之一。

校园里静悄悄，古树名木，掩映着一幢幢古朴的建筑，亨颐园、养正园、树人园、贡院碑亭、叔同亭、鲁迅亭……它们一一书写着这座百年名校的历史。一百多年前，丰子恺意气风发，来到浙一师求学的情景，仿佛还是昨天的事。

如果有来生，相信丰子恺也依然会选择浙一师。因为这里有他的启蒙恩师，有他学习音乐图画的教室，有他的好友杨伯豪，有他的桐阴画会，有他的艺术梦想……

缘定今生，来生再续。丰子恺与杭州的缘分不尽，丰子恺赋予杭州的艺术精神永在！

参考书目

1. 丰子恺著，丰陈宝、丰一吟编：《丰子恺文集·文学卷》，浙江文艺出版社、浙江教育出版社1992年6月版。

2. 丰子恺著，丰陈宝、丰一吟、丰元草编：《丰子恺文集·艺术卷》，浙江文艺出版社、浙江教育出版社1990年9月版。

3. 丰子恺著，丰陈宝、丰一吟编：《丰子恺漫画全集》，京华出版社1999年2月版。

4. 丰子恺著，丰陈宝、丰一吟编：《丰子恺漫画全集》，京华出版社2001年4月版。

5. 丰子恺著，丰一吟编：《缘缘堂随笔集》，浙江文艺出版社1983年5月版。

6. 丰一吟著：《潇洒风神——我的父亲丰子恺》，华东师范大学出版社1998年10月版。

7. 丰一吟著：《我的父亲丰子恺》，团结出版社2007年1月版。

8. 丰一吟著：《我和爸爸丰子恺》，百花文艺出版社2008年10月版。

9. 丰一吟著：《天于我，相当厚——丰子恺女儿的自述》，上海远东出版社2009年1月版。

10. 丰华瞻、殷琪编：《丰子恺研究资料》，宁夏人民出版社1988年11月版。

11. 陈星著：《清空朗月——李叔同与丰子恺交往实录》，百花洲文艺出版社1997年12月版。

12. 陈星著：《新月如水——丰子恺师友交往实录》，中华书局2006年9月版。

13. 陈星著：《丰子恺研究学术笔记》，太白文艺出版社2007年7月版。

14. 陈星著：《丰子恺研究史料拾遗补论》，团结出版社2009年8月版。

15. 陈星著：《丰子恺新传——清空艺海》，北岳文艺出版社1998年1月版。

16. 陈星著：《丰子恺评传》，山东画报出版社2011年10月版。

17. 陈星著：《丰子恺漫画研究》，西泠印社出版社2004年3月版。

18. 陈野著：《缘缘堂主——丰子恺传》，浙江人民出版社2003年11月版。

19. 陈净野著：《丰子恺杭州行迹考论》，杭州出版社2008年8月版。

20. 盛兴军主编：《丰子恺年谱》，青岛出版社2005年9月版。

21. 丰子恺著，明川编：《缘缘堂集外遗文》，香港问学社1979年10月版。

22. 李叔同著：《弘一法师全集》，新世界出版社2013年3月版。

23. 马镜泉、赵士华著：《马一浮评传》，百花洲文艺出版社2010年3月版。

24. 丁敬涵编著：《马一浮交往录》，浙江大学出版社2013年4月版。

后 记

与丰一吟老师的一次闲聊

2013年6月底的一天早上，我如约来到丰一吟老师位于上海的家中拜访。丰一吟老师刚从外面散步回来，还在吃早饭。素肉松过粥，清清淡淡。一碗番薯汤或玉米汤，是她每天的早茶。入座，品茗，聊天，轻松自然。一把紫色的丝绸折扇，出自老城隍庙，在她的手里摇出一种风雅来。

丰一吟老师的家，和上次来时变化不大，一屋子的书，有许多是丰子恺先生的著作及其子女们编写的关于他的书。窗口墙边一架钢琴，钢琴上面墙上挂着画，画着游人、椰树、青山、白云，题为《白云千顷，峰峦秀美，此去人间，不知几里》，为丰一吟老师所作。那是我们熟悉的子恺漫画的风格，看了感到很亲切。阳台上花木葱茏，远望高楼林立，此中岁月静好，现世安稳。

"上次我在医院里，带了你的《江南物事》，打吊针时不能用毛笔写字，我就看你的书。一篇一篇读，蛮有趣的。回到家，事情多，反而没时间读了。我在想，你这种年纪能写出这种老旧事已不容易了，可以让年轻人知道些老习俗。"丰一吟老师一见面就对我说。

之前有一段时间，她住院做常规体检，随身带了我的散文集《江南物事》。读过后，她还发了几条短信来鼓励我，也指出了一些书中的不足。她说："文章千古事。写文章只要言之有物，不讲空话，就好。你那篇《放泼留》就很好。"又说，"《打送包子》一文的第十三页第六行倒数三字'叫寿桃'似宜改成'做寿桃'。寿桃和包子是两回事。"发短信不过瘾，她又给我写了一封信，去邮局挂号寄来，专门谈到对《江南物事》的感想，令我很感动。

我看到桌上的台板玻璃下压着一张宣传海报，听说是为2012年7月在香港举办的丰子恺《护生画集》真迹展而设计的。我们的话题自然转到了当时正在浙江省博物馆展出的《护生画集》真迹展。之前我还专门去杭州看了展览，以前都是从书里看那些画作，这次有幸看到真迹，确实让观者很过瘾。

说到《护生画集》，那故事就多了。从1927年丰子恺发愿作《护生画集》开始，到第六集成书，历经半个世纪。《护生画集》现在是浙江省博物馆压箱底的宝贝了。但对于桐乡来说，当时与《护生画集》原稿失之交臂，大概是一件憾事吧。丰一吟老师说，当初桐乡方面怕保存条件不够好，没有接受捐赠，也是对的，现在放在浙江省博物馆里，也是一样，总归是回归家乡了，足可欣慰。

　　想起最近我收到的一本旧漫画——无字连环漫画《父与子》，原作者是 E. O. Plauen，重编者是吴朗西，文化生活出版社 1951 年 6 月初版。该画册由丰子恺题写书名，他还写了近千字的《序言》，其中写到，引进这样的漫画，让更多的中国人来欣赏，起码有两大好处：一是"这种画法值得中国人采用"，因为，当时新中国成立才两年，"文盲还很多，所以图画的宣传比文字的宣传更为有效，而无字图画的宣传尤为有效"。二是"笑是现在的中国人所需要的"，"所以，无关抗美援朝、镇压反革命……而光是引人笑笑的书，在现在还是需要的"。文字朴实，观点鲜明，是一篇很有价值的文章。但之前出版的《丰子恺文集》中并未收录该文。

　　我把这篇轶文给丰一吟老师看，她也说没有印象了："爸爸的文章，在外头肯定还有许多，无法收集齐全。特别是类似这种序言蛮多散失在外的。难为你有心，下次编全集的时候可以收进去的。"又说，"爸爸在台湾办展览的时候，有一篇讲话题目大概叫《中国艺术》，一直到现在，我也没找到这篇文章。"她还说："爸爸一生画了多少画，也无法统计齐全。现在出的《丰子恺文集》《丰子恺漫画全集》，其实也都是相对的全。"

　　这是事实，这位艺术大师一生的作品不计其数，也不必去统计。单是他的漫画和随笔，就够我们后辈人品读回味的了。

　　闲聊还在继续，听丰一吟老师讲故事，所有的话题都离不开丰子恺和缘缘堂。

　　她说："抗战时期，全家的藏书随缘缘堂一起化为灰烬，这是被日本鬼子烧的。'文革'时，是自己毁自己。现在看看这么好的画，以前都当'毒草'，不敢留。有一天夜里，我和大哥瞒着爸爸妈妈，在楼梯间架起锅子烧画稿，半当中有人来敲门，魂吓脱……爸爸一生为此吃足了苦头，我们也跟着吃苦。哪像现在这样可以放心地画、放心地写了。就是现在时间太少，有太多事来不及做啊。"

说到这里，丰一吟老师很感慨，她现在还有一个任务要完成，就是把她父亲的二百三十六幅画临摹下来。目前墨稿画好了，还要上色，需要许多工夫静下来去做。此外，她还有许多文债、画债要还，总是感觉时间不够。

我是丰子恺迷，这些年来，一次次读丰子恺先生的文章和漫画，百读不厌。一个艺术家的作品能这样有着长久的生命力，实在少见。丰子恺先生的书我也买了不少，平时只要看到有关他的文章，我都会收集起来。

临别时，丰一吟老师将丰子恺漫画册《仰之弥高》送给我，还郑重地签上名。我请丰一吟老师为我带去的几本书一一签名。其中一本书是她的大哥和二嫂编的。丰一吟老师说，可惜现在阿姐没了，大哥也没了，连小她九岁的最小的弟弟也没了。她的眼神里有一丝难过悄然滑过。

丰一吟老师在每本书的扉页上签上"玲芬友欣赏 丰一吟"的字样，每一次写日期时都要确认一下。然后她又抱歉地说："我记性不好，这点像阿拉姆妈。阿拉姆妈不认人也是少有。像阿拉爸爸的话，记性好煞。举办一个大的画展，哪个人订什么画，记得很清楚，永不弄错。"

也是在这次与丰一吟老师聊天时，我说打算写一本关于丰子恺的书，得到了她的诸多鼓励。她跟我讲了许多她知道的故事，特别讲到丰子恺与杭州的缘分很深。她记得小时候，她用父亲刚买来的一架新式照相机给他拍的第一张照片，背景就在杭州招贤寺。往事历历，丰子恺的音容笑貌宛在。

书成之日，我要对丰一吟老师说声感谢，也要感谢丰子恺故居缘缘堂为本书提供了许多珍贵的照片，并征得丰一吟老师同意，在书中呈现。最后，要感谢广大读者，当您在阅读这些文字的时候，请原谅作者见识的浅陋，行文的简单，但其中的感情却是真挚的。因为我们都喜爱丰子恺。

徐玲芬

2014 年 1 月 9 日写于桐乡

2020 年 12 月略作修改